Holland in Close-up

Holland in close-up

Kees Scherer/Evert Werkman

Vierde druk

MCMLXXXII -Elsevier-Amsterdam

Translation: Sonja Jokel
Übersetzung: Manfred Nippel
Traduction: Hervé Douxchamps

© MCMLXXIX
    Elsevier Nederland B.V., Amsterdam
D/MCMLXXXII/0199/577
ISBN 90 10 02874 7
Printed in Spain by Printer, Industria
Gráfica, SA.
Depósito legal B. 27579-1979

Inhoud

Contents

Inhalt

Sommaire

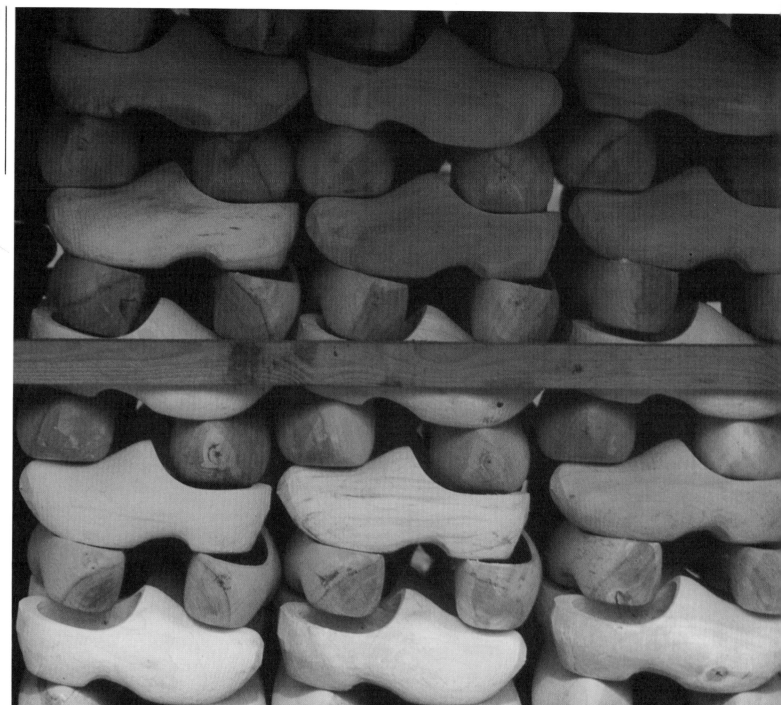

Woord vooraf

Toen de Romeinse geschiedschrijver Gaius Plinius Secundus in 47 na Christus het land aanschouwde waar de Chauken woonden en de troosteloze vlakte zag waar de Eems in de Noordzee uitstroomde, verbaasde hij er zich over dat hier nog menselijk leven mogelijk was. Sinds zijn tijd is er veel veranderd, maar de verbazing is bij velen gebleven, wanneer zij beseffen, dat enkele miljoenen mensen, betrekkelijk veilig achter duinen en dijken, wonen en werken beneden de zeespiegel. Is de zee voor de lage landen aan de zee een voortdurende bedreiging? In deze tijd nauwelijks meer, hoewel diezelfde zee af en toe nog wil bewijzen dat natuurkrachten sterker zijn dan het menselijk vernuft.

Dit boek gaat over het land beneden de zeespiegel, over de mensen die er wonen, over de steden die zij hebben gebouwd en het land dat zij hebben ontgonnen: het kleine paradijs aan de Noordzee, dat Nederland heet. Het is nog altijd dezelfde, grimmige, gevaarlijke zee, die Plinius deed huiveren, de zee, die de grootste bondgenoot is geworden van de Nederlanders en tegelijkertijd de grootste vijand.

Preface

When, in the year 47 A.D., the Roman naturalist and historian Pliny the Elder gazed over the dismal flatland where the River Eems joined the North Sea, he wondered that human life could survive such desolation. Since then, his recalcitrant 'Land of the Chauci' - now Holland - has altered, but one feels that the amazement of such an enquiring mind would remain unabated if he could see it today. For it is here that, ensconced in relative safety behind dunes and dykes, some fourteen million people live and work below the level of the sea.

A perilous existence? Pliny, for one, saw the sea, so close at hand, as a perpetual threat ready to strike any day. Yet he himself narrowly escaped another natural danger when Vesuvius erupted in A.D. 79, destroying Pompey and Herculaneum and taking many Roman lives.

This book is about the land that lies below the sea: about the people who live and work there, the animals and plants, flowers and trees, in short, about the little North Sea paradise called Holland. For all of Holland, the sea is the greatest friend - but it never forgets that friends can be the greatest enemy.

Vorwort

Als der römische Geschichtsschreiber Gaius Plinius Secundus im Jahre 47 n.Chr. zum ersten Mal das Land der Chauken sah - jene trostlose Ebene, aus der die Ems in die Nordsee strömt - wunderte er sich sehr darüber, dass in einer derartigen Umgebung menschliches Leben möglich ist.

Natürlich, seit dieser Zeit hat sich sehr viel geändert. Geblieben ist jedoch das Staunen über die Tatsache, dass Millionen Menschen, geborgen hinter Deichen und Dünen, unter dem Meeresspiegel leben und arbeiten können. Und die Frage bleibt: Stellt das Meer für die Niederlande eine dauernde Bedrohung dar? Die Antwort muss lauten: Kaum noch - obwohl es manchmal noch die Herausforderung annimmt, seine Kraft mit der menschlicher Vernunft und Technologie zu messen, um zu beweisen, dass die Naturgewalt der Sieger ist.

Davon handelt dieses Buch: Von den Menschen unter dem Meeresspiegel, von dem Land, das sie urbar machten, von den Städten, die sie bauten. Es handelt von Holland, dem kleinen Paradies an der Nordsee, der See, die Plinius erschauern liess, der See, die zum grössten Wohltäter des Landes wurde - gleichzeitig aber auch zum erbittertsten Feind.

Avant-propos

En 47 de notre ère, l'historien romain Pline l'Ancien, contemplant les régions peuplées par les Saxons et les plaines désolées à travers lesquelles l'Ems cherche son embouchure dans la mer du Nord, s'étonnait que l'homme y trouvât encore la possibilité d'y vivre. Bien des choses ont changé depuis cette époque, mais l'idée que quelques millions de personnes habitent et travaillent sous le niveau de la mer, à l'abri de dunes et de digues solides, représente encore aujourd'hui un grand sujet d'étonnement. La mer constitue-t-elle une menace permanente pour les basses terres qui la bordent? Pratiquement plus, encore que cette mer tienne de temps à autre à rappeler que les forces de la nature sont plus puissantes que la simple volonté humaine. Cet ouvrage vous parle d'un pays situé sous le niveau de la mer, des gens qui y vivent, des villes qu'ils y ont édifiées et des terres qu'ils y ont défrichées: il vous raconte ce petit paradis, appelé Pays-Bas, situé sur la mer du Nord. Car elle est toujours là, cette mer âpre et dangereuse, qui faisait frémir Pline l'Ancien: elle est maintenant devenue le principal allié des Néerlandais... tout en restant leur pire ennemi.

Land en water

Land en water zijn twee elkaar tegenstrijdige elementen. Het vergt meer dan gewone levenskunst met beide in voortdurende harmonie te leven, maar op de een of andere wijze zijn de Nederlanders er in geslaagd die kunst te beheersen. Het water is letterlijk overal, zout of zoel, woest of kalm, in rivieren, kanalen, grachten, sloten, meren, plassen en vooral in de zee. De natuur zelf heeft duizenden jaren gezorgd voor de lange duinstrook langs de kust, een schijnbaar ondoordringbare barrière, tot de zee op een kwade dag laat zien waartoe het woedende water in staat is. De dijken houden de rivieren in toom en de zee daar waar geen duinen zijn, en dat is wèl mensenwerk, zoals dat ook geldt voor de havens, de bruggen, de polders. Op den duur hebben vriend en vijand zich verzoend en het land dat onleefbaar leek is een gebied geworden, waar veertien miljoen Nederlanders zich van de gevaren van het water nauwelijks meer bewust zijn, veilig achter de duinen en de dijken.

Land and water

Land and water are two conflicting elements. It is no easy to live with them in harmony, but somehow th Dutch have managed to do this. Water is everywher fresh or salt, turbulent or calm, in rivers, canals, ditches, lakes, pools and especially in the sea. Natur itself has taken care of the long stretch of dunes along the coast for thousands of years, seemingly a impenetrable barrier, until one day the sea, with its wild waters, shows what it is capable of doing. But man-made dykes hold the rivers at bay and also the sea where there are no dunes. Also man-made are the harbours, the bridges and the polders. Finally friend and enemy have become reconciled, and the land which seemed to be unlivable, became a count in which 14 million Dutch live safely behind the dunes and dykes, hardly aware of the dangers of the water.

Land und Wasser

Land und Wasser sind nun einmal Gegensätze, und es fordert schon ein beachtliches Mass an Lebenskunst, um mit beiden Elementen in dauernder Harmonie leben zu können. Die Holländer haben lernen müssen, diese Kunst zu beherrschen, denn Wasser ist allgegenwärtig, ob süss oder salzig: in Flüssen, Kanälen, Grachten, Gräben, Seen, Teichen - vor allem aber in der Nordsee, die das Land umgibt. In Jahrtausenden hat die Natur die Dünenkette entlang der Küste gebildet, einen scheinbar undurchdringbaren Schutzwall, doch manchmal muss auch dieser vor der Macht einer wütenden Sturmsee kapitulieren. Wo es keine Dünen gibt, und die Natur vergessen hat, das Land zu schützen, hat Menschenhand diese Aufgabe übernommen: hier sind es die Deiche, die Meer und Flüsse im Zaume halten. Des Menschen Werk sind auch die Polder, die Häfen und die unzähligen Brücken. Auf die Dauer haben sich Freund und Feind versöhnt, und das Land, welches einst unbewohnbar erschien, hat sich in ein Gebiet verändert, in dem 14 Millionen Holländer fast nicht mehr an die Gefahren der See denken und sich hinter Dünen und Deichen sicher fühlen.

La terre et l'eau

Le pays et l'eau sont deux élements contradictoires. Il leur faut un grand art pour vivre tous les deux en harmonie.
Mais d'une manière où d'une autre ce sont les hollandais qui ont réussi à maintenir cet art.
L'eau est presque partout, salée ou pas, féroce ou calme, dans les rivières, canaux, étangs, ruisseaux, e surtout dans la mer. La nature a fait elle-même depuis des milliers d'années les grandes dunes de sable le long de la côte, une barrière presque in-franchissable jusqu'au jour ou l'eau déchaînée fera voir jusqu'ou elle peut aller.
Les diques maîtrisent les riviéres et la mer, la où il n' a pas de dunes, tout cela est du travail fait par les hollandais, tout comme les ports, les digues, les polders.
Il arrive qu'un jour l'ami et l'ennemi se réconcilient e font qu'un pays qui paraissait invivable, est devenu un pays où vivent quatorze millions de hollandais qu ne s'apercoivent plus du danger derrière les dunes et les digues.

De duinen, die het grootste deel van de kust van Nederland een door de natuur gevormde bescherming verschaffen, zijn doorgaans zo breed en zo hoog, dat het land daarachter nauwelijks gevaar loopt. Soms slaagt de aanval van de zee, maar ook dan is het maar een tijdelijke overwinning: de natuur, geholpen door de mens, herstelt de schade snel. Soms blijft een grillig gevormd landschap achter, zoals hier op het eiland Texel. Zijn de duinen te smal of is de dijk niet sterk genoeg, dan kan de kracht van de zee worden gebroken door het aanleggen van lange rijen palen, die ver in zee steken. Zij breken het geweld van de golven, vóór deze de kust hebben bereikt, zoals hier, op het eiland Walcheren tussen Vlissingen en Oostkapelle.

An odd sculpture in shifting sand and tidal flats, the Texel island coastline (top) dramatically demonstrates the constant, eroding power of wind and waves. Only in the more remote areas is the sea allowed such licence. Along most of the coast, nature and manpower combine to erect ramparts of sand, stone, wood or concrete. On the island of Walcheren, lines of poles are driven into the sand to the limit of low water, checking the vehemence of the sea.

Die Dünen, die dem grössten Teil der holländischen Küste einen natürlichen Schutz bieten, sind meistens so hoch und breit, dass das dahinterliegende Gebiet ungefährdet ist. Und wenn die See doch einmal erfolgreich angegriffen hat, ist der Sieg meistens ein zeitlich sehr begrenzter: die Natur, durch den Menschen unterstützt, gleicht den Schaden schnell wieder aus. Das Resultat ist manchmal sehr eigenartig, wie hier diese Landschaft auf Texel.
Wenn die Dünen zu schmal sind oder der Deich nicht stark genug, werden lange, aus hölzernen Pfählen bestehende Schutzzäune weit in das Meer gebaut. Sie haben die Aufgabe, die Kraft der Wellen zu brechen, bevor diese die Küste erreicht haben, wie hier zwischen Vlissingen und Oostkapelle auf der Insel Walcheren.

Les dunes, qui fournissent un rempart naturel à la majeure partie des côtes néerlandaises, sont généralement si larges et si hautes, que les risques d'inondation sont très restreints dans l'arrière-pays. La mer réussit parfois à leur porter un assaut victorieux, mais ce n'est alors là qu'une victoire toute passagère: la nature, avec l'aide de l'homme, parvient très vite à en réparer les dommages. Il en reste néanmoins parfois un paysage capricieux, comme ici sur l'île de Texel.
Si les dunes sont trop étroites ou la digue pas assez solide, de longues rangées de pieux, profondément enfoncés dans la mer, brisent la violence des vagues, avant que celles-ci n'atteignent la côte; ici, à Walcheren, entre Flessingue et Oostkapelle.

Er zijn niet veel dingen, die in Nederland verboden zijn, maar aan één verbod wordt streng de hand gehouden: de duinen vlak langs het strand zijn voor wandelaars taboe. Want te gemakkelijk kunnen mensenvoeten de zandhopen vernielen. Om het losse zand enigszins bij elkaar te houden worden de duinen beplant met helm, een sterke, ruige plant met lange wortels. Maar de sterke wind kan ook hier verwoestend optreden en menig duinlandschap ziet er na een storm uit als een woestijnlandschap. Tijd voor de mens om de schade snel te herstellen!

Carefully maintained strips of sand dunes, often hundreds of metres wide, constitute a formidable first line of sea defence along much of the coast. Some of them exist in fairly precarious balance with the wind. These are deliberately sown with bent-grass, a hardy, deep-rooted plant that helps anchor and fix loose sand. Although few areas are denied the Dutch nature-lover, such areas are strictly out of bounds to the destructive feet of the general public.

Holland ist ein liberales Land und es gibt nicht viel, was verboten ist. In einem Punkt jedoch sind die Holländer sehr strikt: das Betreten der Dünen ist streng untersagt. Um dem Sand eine einigermassen feste Beschaffenheit zu geben, pflanzt man in den Dünen Strandhafer an, ein starkes und robustes Gewächs mit langen Wurzeln. Aber auch das verhindert nicht, dass starker Wind oft grossen Schaden anrichtet, und viele Dünen sehen nach einem Sturm aus wie eine Wüstenlandschaft. Das heisst dann: mühsam herrichten, was Naturgewalten zerstörten.

Il existe peu d'interdits aux Pays-Bas mais l'un d'eux fait l'objet d'une surveillance très étroite: les dunes qui longent la plage sont strictement interdites aux promeneurs. Le passage répété de ces derniers risquerait en effet trop facilement de ravager les collines sablonneuses. Pour fixer un tant soit peu le sable, les dunes ont été plantées d'oyats, une solide plante velue aux longues racines. Mais le vent violent peut aussi se faire dévastateur, et les dunes prennent souvent l'allure d'un véritable désert après une tempête. C'est alors à l'homme de réparer les dégâts!

Overal is water in Nederland, ook in die gedeelten, waar de droge zandgronden overheersen, zoals in Brabant, ten zuiden van de grote rivieren. Maar ook daar stromen riviertjes en slingeren zich smalle beekjes door het altijd groene landschap met zijn graslanden en boomgaarden, beekjes met helder water en een afwisselende vegetatie langs de oevers, riet, waterlelies, lage struiken, forse bomen.

Green extravagance and placid water are the hallmarks of Holland's ubiquitous inland streams and rivers. Even in Brabant, a sandy, predominantly dry province far south of the great river basins, a host of waterways trail their opulent skirts of reeds, rushes, herbs and flowers through fertile grassland studded with sturdy trees.

Wasser gibt es auch dort in Holland, wo trockene Sandgebiete das Landschaftsbild beherrschen, zum Beispiel in Brabant: Auch hier gibt es Flüsse und Bäche, die sich ihren Weg durch eine immergrüne Weidelandschaft bahnen. Die Vegetation entlang den Ufern zeigt, dass dies eine noch 'heile' Umgebung ist: Baumgärten mit uralten Bäumen, Schilfrohr und Wasserlilien.

L'eau règne en maître aux Pays-Bas; on en trouve même là où domine le sable aride, comme par exemple en Brabant, au sud de la région des grands fleuves. Là coulent aussi de petites rivières, et d'étroits ruisseaux serpentent à travers un paysage toujours vert de pâturages et des vergers; ces petits rus à l'eau claire sont bordés par une végétation changeante faite de roseaux, de nénuphars, d'arbustes bas et d'arbres vigoureux.

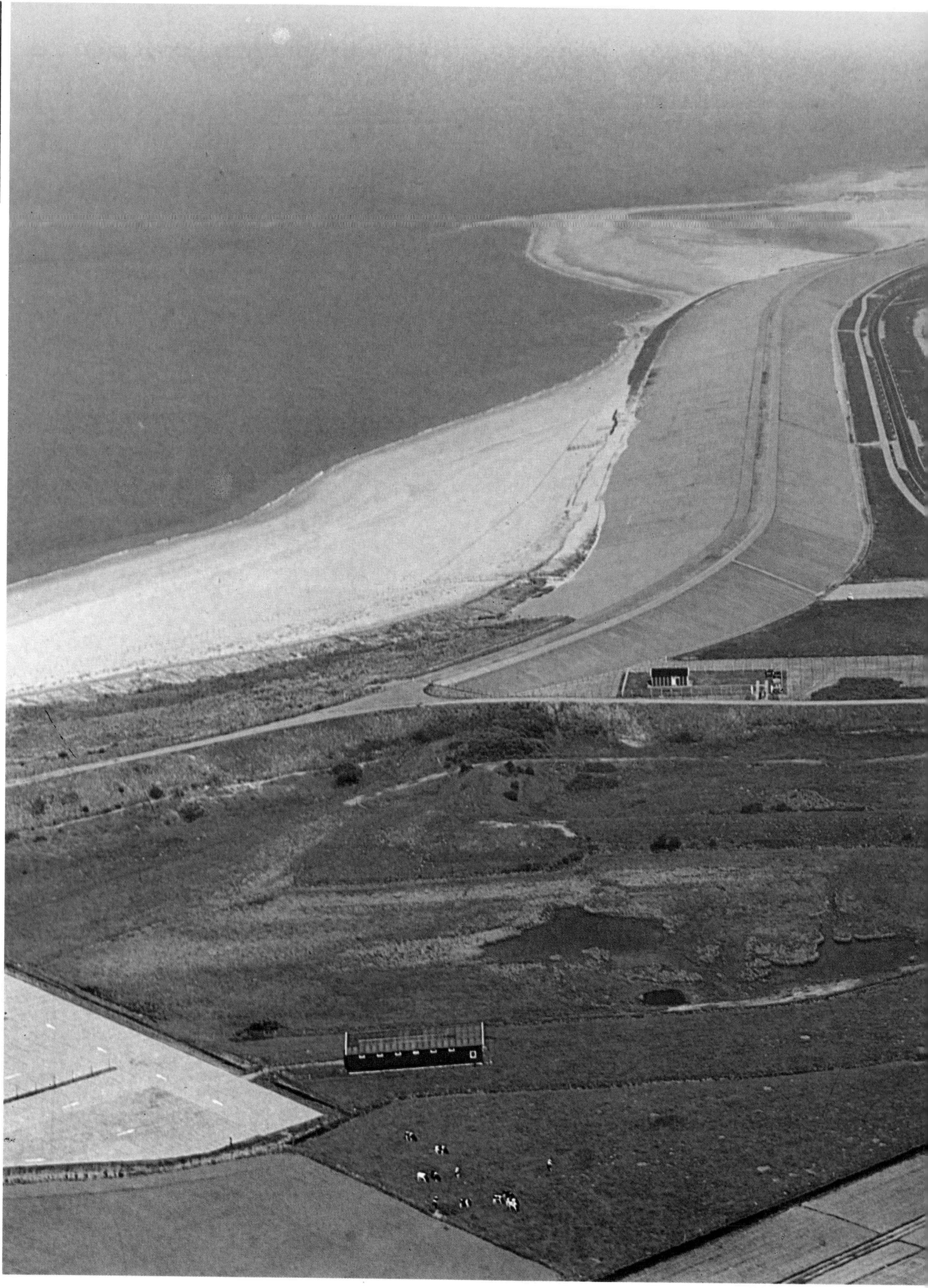

Wie van het water leeft, wie er zijn bestaan op vindt, hoeft niet meer te zeilen, is niet meer afhankelijk van de wind. Dat is al honderdvijftig jaar zo, maar gezeild wordt er nog steeds, op de meren, de plassen, de Zeeuwse stromen, het IJsselmeer, de Waddenzee. En ook de oude scheepsmodellen zijn nog niet verdwenen, de botters, de aken, de tjotters, de vrachtvaarders van weleer, de vissersschepen van het nabije verleden. Alleen is het zeilen nu een sport geworden, maar wel de mooiste sport van de lage landen.

Those who make their living on the water need no longer sail to survive and are no longer dependent on the whims of the wind. That time has been over for a century and a half. Respect for sail, and a high degree of competence in its use, are, however, far from dead. On lakes, on the rivers of Zeeland, on the IJsselmeer (once the Zuider Zee), and on the Waddenzee, sails of every description decorate the waters. The cream of these craft, all of them dedicated to leisure, are the traditional work-boats: schouwen, botters, aken and tjotters - the barges, fishing vessels and auxiliaries of the past - all finding a new lease of life in the favourite sport of the Low Countries.

Bis von ungefähr 150 Jahren hatte man noch Segel nötig, um die Meere befahren zu können. Diese Periode ist zwar endgültig vorbei, aber gesegelt wird immer noch: auf den Seen, den Flüssen Seelands, dem IJsselmeer und auf dem Wattenmeer. Auch die alten Schiffstypen gehören noch nicht der Vergangenheit an, man sieht die alten Fischerkähne und Segelfrachtboote noch sehr häufig, ihre alte Funktion haben sie jedoch nicht mehr: sie dienen jetzt dem sportlichen Vergnügen. Und Segeln ist wohl der schönste Sport der Niederlande.

Quiconque lie sa vie à l'eau, quiconque y trouve sa subsistance, n'a plus besoin aujourd'hui de naviguer à la voile, n'est désormais plus l'esclave du vent. Et il en va ainsi depuis 150 ans. Néanmoins, aux Pays-Bas, on continue à faire de la voile sur les lacs, les étangs, les bras de mer de Zélande, l'IJsselmeer, la mer des Wadden. Même les anciens types de bateaux n'ont pas totalement disparu: botters, chalands, tjotters, cargos d'autrefois, bateaux de pêche sortis tout droit d'un passé encore récent. Simplement, la voile est devenue un sport, sans doute le plus beau des sports pratiqués dans ces bas pays.

Vorige bladzijde. De zee in toom gehouden met beton, langs de Grevelingendam in het zuiden; de Noordzee ligt links; rechts het zoete water en het beschermde land.

Previous page. The sea is kept at bay with concrete along the Grevelingendam in the south; the North Sea lies on the left; on the right the protected land with fresh water.

Vorige Seite. Das Meer wird mit Beton entlang dem Grevelingendamm im Zaum gehalten; links liegt die Nordsee, rechts das Süsswasser und beschütztes Land.

La page précédente: la mer est arrêtée par une digue en beton, le long de Grevelingendam dans le sud; la mer du nord est à gauche, l'eau douce et le pays protégé à droite.

Water overal, bruggen overal, grote, kleine, van hout, van staal, van beton. De imposantste bruggen overspannen de grote rivieren, zoals (boven) deze verkeersbrug over de Rijn in de Betuwe. De brug is vele malen langer dan de rivier doorgaans breed is, maar 's winters en in het voorjaar vooral, wanneer de watertoevoer soms onrustbarend kan toenemen, staan ook de groene weidegronden aan weerszijden van de rivier onder water.

It is hardly surprising that bridge construction should be more than a functional craft in the Netherlands. Among the most impressive examples of the bridge-makers' art are those that span the great rivers: this one carries traffic over the Rhine in the Betuwe region. Here the best of modern architecture meets practical considerations. For instance, the bridge is far broader than the river for, in spring and summer, the water reaches disquieting levels.

Viel Wasser und vor allem viele Brücken: grosse und kleine, hölzerne und stählerne, Brücken aus Beton und Stein. Am eindrucksvollsten sind die, welche die grossen Flüsse überspannen, wie diese mächtige Verkehrsbrücke über dem Rhein in der Betuwe (oben). Diese Brücke ist länger, als der Fluss breit ist, und im Frühjahr und Winter, wenn es viel Hochwasser gibt, sind die Uferwiesen an beiden Seiten überflutet.

Partout de l'eau, partout des ponts: grands ou petits, en bois, en acier, en béton... Les plus imposants enjambent les grands fleuves, tel cet ouvrage d'art construit sur le Rhin dans la Betuwe (ci-dessus). Sa longueur est très supérieure à la largeur du fleuve; en effet, l'hiver et le printemps voient parfois les eaux gonfler de manière inquiétante, et inonder les vertes prairies des deux rives.

De watersport kent velerlei vormen. Men kan in sierlijke, lichte zeiljachten het IJsselmeer bevaren of het Veerse meer in de Zeeuwse wateren (rechts), alleen, eenzaam, met alleen het water en de wind nabij, of tesamen in een sportieve strijd om de trofee. De behendigheid, die van de zeiler verlangd wordt, is van geheel andere aard, dan die welke wordt gesteld aan de polsstokspringer (boven), die de afstand wel eens onderschat of op het hoogste punt zijn evenwicht verliest om daarna roemloos naar de kant te waden en zich gereed te maken voor een tweede poging. Zeilers zijn overal, polsstokspringers treft men alleen in Friesland aan.

Sailing is a more universal pastime. All over the country, dinghy racing (above right) is a popular sport for the competetive, while the more contemplative prefer the solitude of such venues as the Veer Lake (right). On it or in it, water is the playground of Holland. For instance, any athlete can try the novel, northern sport known locally as 'fjerljeppen' - literally, 'far-pewitting'. In their springtime quest for the tasty eggs of the peewit, a ground-nesting bird, Friesians used to carry a long pole, using it to vault canals and ditches, thus avoiding detours for bridges. For sport, a pole is placed in the middle of the waterway, rather than carried. The competitor sprints, leaps, seizes the pole and scrambles upwards as it tips to deposit him, with luck, on the far side. He who goes farthest, wins. He who fails - as above - gets wet.

Wassersport hat viele Gesichter. Ob man auf leichten und eleganten Segelyachten das IJsselmeer befährt oder das Veerse Meer in Seeland (rechts) - man kann wählen zwischen der Einsamkeit von Wind und Wasser und der Jagd noch einer Regatta-Trophäe. Die Geschicklichkeit, die vom Segler erwartet wird, ist ganz anderer Natur als die des 'Polsstok'-Springers (oben): ihm kann es passieren, dass er die Entfernung unterschätzt oder auf dem höchsten Punkt sein Gleichgewicht verliert. Das heisst dann: zurückwaten zum zweiten Anlauf. Übrigens: Segler findet man überall, Polsstok-Springer nur in der Provinz Friesland.

Les sports nautiques offrent une gamme étendue de possibilités. O. peut, à bord de jolis petits voiliers, évoluer sur l'IJselmeer, le plan d'e de Veere ou les eaux frisonnes (à droite), que ce soit à titre individue pour le simple plaisir de dompter l'eau et le vent, ou dans une compétition sportive à la conquête d'u trophée. Le yachtman doit faire preuve d'une habileté bien différer de celle du sauteur à la perche (en haut à gauche): celui-ci ne doit pas sous-estimer la distance à franchir sous peine de perdre l'équilibre au sommet de sa trajectoire... et de re tomber sans gloire dans l'eau froic avant de tenter une seconde chanc La voile est pratiquée dans tout le pays; le saut à la perche est un spc frison.

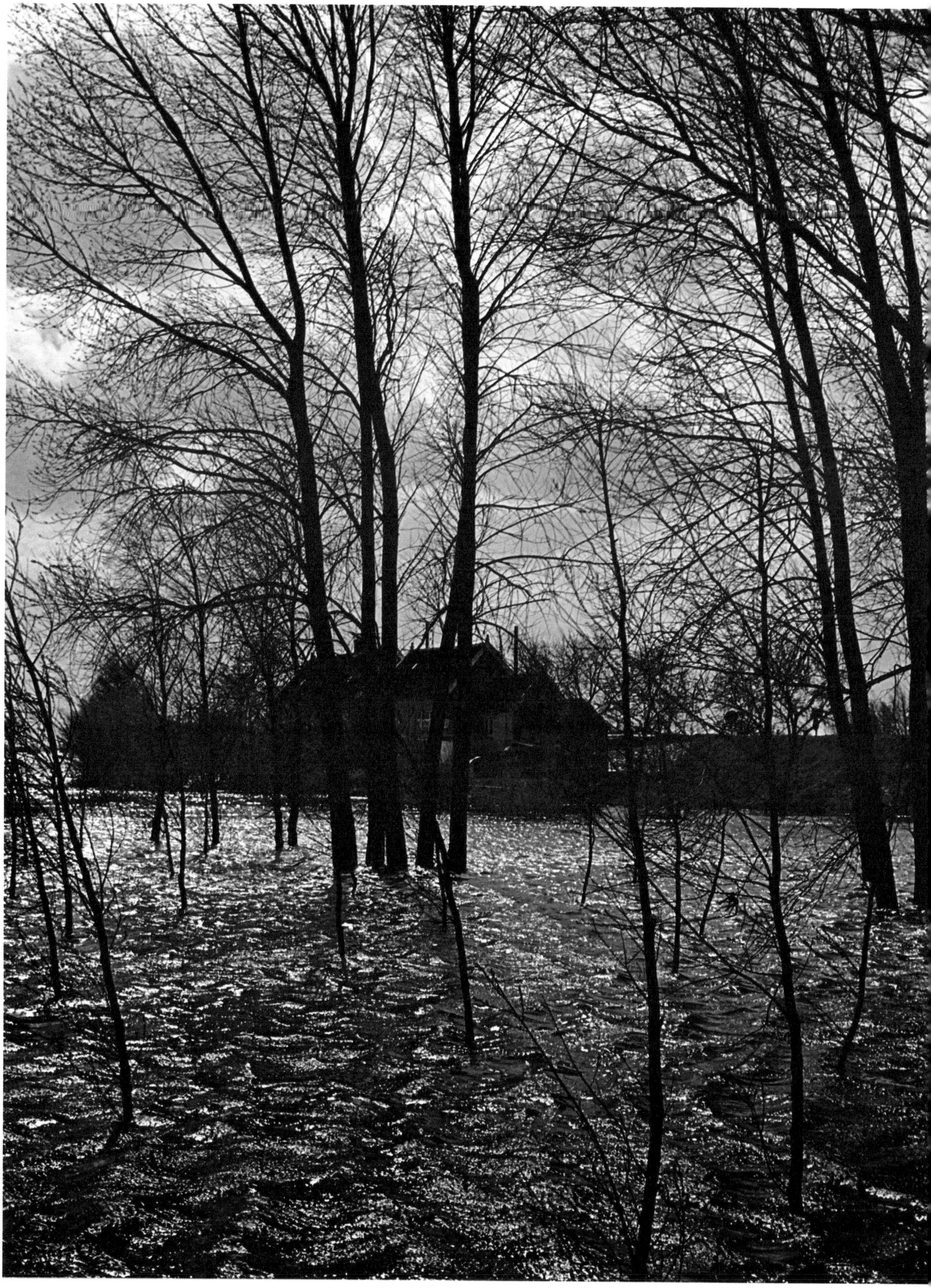

Het land is laag en het water is altijd en overal zeer nabij. Voeren de beken en riviertjes van hoger gelegen gebieden in voor- en najaar meer water aan dan gewoonlijk en is de stand van de zeespiegel zo hoog, dat niet onmiddellijk al dat water kan worden afgevoerd, dan kunnen nog uitgestrekte gebieden onder water komen te staan en de eenzame boerderijen dagenlang geïsoleerd raken (links). - In de zomer zoekt het vee in de weilanden langs de rivieren vaak verkoeling in het water langs de oevers. De boer maakt er zich geen zorgen om: de kwaliteit van de melk wordt door dit bad niet aangetast.

In such a low-lying land, the water is a constant and omnipresent fact. If, in spring and autumn, the streams and rivers from the higher regions bring a little more water than usual and the sea level happens to be so high that the water cannot drain off immediately, extensive areas are still prone to flood. Isolated farmhouses may be cut off for days at a time (left). During the summer, cattle in the fields that border the rivers often seek standing water for relief from the heat (above). The farmers never worry: the quality of the milk is unaffected by this inpromptu footbath.

Das Land liegt tief und das Wasser ist immer und überall gegenwärtig. Wenn im Frühling und im Herbst die Bäche und Flüsse mehr Wasser als gewöhnlich anführen und der Meeresspiegel so hoch ist, dass dieses Wasser nicht abfliessen kann, sind Überschwemmungen von weiten Gebieten die Folge. Einsame Bauernhöfe werden dadurch tagelang isoliert (links).
Auf Weiden, die von Flüssen durchschnitten werden, sucht das Vieh im Sommer oft Abkühlung im Uferwasser. Den Bauern stört das nicht: Diese Badegewohnheiten haben keinerlei Einfluss auf die Qualität der Milch.

Le pays est plat, et l'eau n'est jamais très loin. Au printemps ou en automne, dans les régions élevées, les ruisseaux et rivières momentanément gonflés en période de grandes marées ne peuvent plus s'écouler normalement, et leurs flots grossis envahissent de vastes paysages: des fermes solitaires sont ainsi coupées du monde pendant plusieurs jours (ci-contre). En été, le bétail paissant le long des rivières recherche la fraîcheur dans l'eau, le long des berges. Le paysan n'en a cure: le goût du lait n'en sera pas altéré!

Het vlakke land

De geschiedenis van Nederland is tevens de geschiedenis van 2000 jaar vechten tegen het water. In de Romeinse tijd werden de eerste dijken aangelegd langs de grote rivieren, maar zij dienden meer als een pad voor militaire eenheden dan als bescherming tegen de overstromingen. Toen de Romeinen verdwenen spoelden die dijken weg en het heeft tot omstreeks de 8ste eeuw geduurd vóór er nieuwe kwamen. Honderden malen echter bezweken zij, het woeste water sleurde boerderijen en vaak hele dorpen mee, maar telkens weer kwamen de mensen terug en herstelden de schade. Tot zij zelf tot de aanval overgingen, plassen en meren begonnen droog te leggen, dijken gingen bouwen, die de hevigste stormen konden doorstaan en land op zee veroverden. Na twintig eeuwen lijkt de strijd nu beslecht.

Lowlands

The history of Holland is inseparably linked with nearly two millennia of struggle against the water. The Romans were the first to build embankments, a military roads. When they left, these were swept away, not to be replaced until the Eighth Century. Time and time again these early barriers succumbed to violent floods, but, gradually, defence turned into attack. Lakes and fens were drained; embankments and dams were built to resist the worst of storms. Now, after twenty centuries, the fight seems over.

Das Tiefland

Die Geschichte der Niederlande ist gleichzeitig die Geschichte eines 2000-jährigen Kampfes gegen das Wasser. In römischer Zeit wurden die ersten Deiche entlang den grossen Flüssen angelegt, jedoch hatten sie mehr die Funktion von Militär-Wegen als die, gegen Überschwemmungen zu schützen. Als die Römer sich zurückzogen, wurden auch die Deiche wieder weggespült und es dauerte ungefähr bis zum 8. Jahrhundert, bis wieder neue gebaut wurden. Aber auch diese brachen ungezählte Male, wüste Sturmseen rissen Bauernhöfe und oft ganze Dörfer mit sich mit, aber immer wieder kamen Menschen zurück, um den Schaden zu beheben. Doch dann ging man zum Angriff auf das Meer über: Man legte Seen trocken, baute Deiche, die den schlimmsten Stürmen Widerstand boten und dem Meer das Land abrangen. Jetzt, nach 20 Jahrhunderten, scheint der Kampf entschieden zu sein.

Les terres basses

L'histoire des Pays-Bas est celle d'une lutte contre l'eau, qui dure depuis 2000 ans. C'est aux temps des Romains que les premières digues furent construites le long des fleuves, mais elles servaient plutôt de routes aux unités de l'armée que de protection contre les inondations. Après le départ des Romains, ces digues s'effacèrent progressivement du paysage, et fallut attendre le VIIIe siècle pour en voir surgir de nouvelles. Ces digues furent emportées des centaines de fois par les eaux sauvages, qui anéantirent des fermes, voire des villages entiers, mais toujours les habitants revenaient chez eux pour réparer les dégâts. Jusqu'à ce qu'ils prennent eux-mêmes le taureau par les cornes, asséchant bas-fonds et bras de mer, construisant des digues capables de résister aux pires tempêtes, conquérant des terres sur la mer. Après vingt siècles de luttes incessantes, le combat semble définitivement arrivé à son terme.

Ergens tussen Amsterdam en Alkmaar in het vlakke landschap van Noordholland. Het water op de voorgrond is dat van het Groot Noordhollands kanaal, gegraven in de jaren 1818-1824 ten behoeve van de scheepvaart op Amsterdam, want de oude route via de Zuiderzee was te ondiep geworden. Het kanaal is 80 km lang en bereikt de Noordzee bij Den Helder. Een oplossing was het nauwelijks, want het was ondiep, bochtig, er lagen te veel bruggen over en 's winters bevroor het water. Nu gebruikt de binnenvaart het.

The Great North Holland Canal, shown between Amsterdam and Alkmaar, was built between 1818 and 1824 to facilitate access to Amsterdam. It was never a great success: it was too shallow, too twisted, had too many bridges, and, besides, it froze over in winter. Nowadays, the canal is used only by the inland fleet.

Irgendwo zwischen Amsterdam und Alkmaar in der flachen Landschaft Nordhollands. Das Wasser im Vordergrund ist das des grossen Nordholländischen Kanals, den man in der Periode von 1818 bis 1824 baute, um den Seezugang nach Amsterdam kürzer und einfacher zu machen - der alte Weg durch die Zuiderzee war im Laufe der Zeiten zu untief geworden. Der Kanal ist 80 km lang und erreicht die Nordsee bei Den Helder. Allerdings war auch dieser Kanal kein ökonomischer Erfolg: Er hatte ebenfalls Untiefen, war brücken- und kurvenreich und fror im Winter zu. Jetzt dient er der Binnenschiffahrt.

Quelque part entre Amsterdam et Alkmaar, dans les plats paysages de Hollande septentrionale. Au premier plan se trouve le Grand Canal de Hollande septentrionale, creusé dans les années 1818-1824 lorsque l'ancienne voie par le Zuiderzee n'était plus assez profonde pour accueillin la navigation vers Amsterdam. Ce canal, long de 80 km, rejoint la mer du Nord près du Helder. Il constituait cependant une solution boîteuse: trop peu profond, sinueux, il était coupé par d'innombrables ponts et gelait en hiver. Cette voie de navigation sert de nos jours au trafic intérieur.

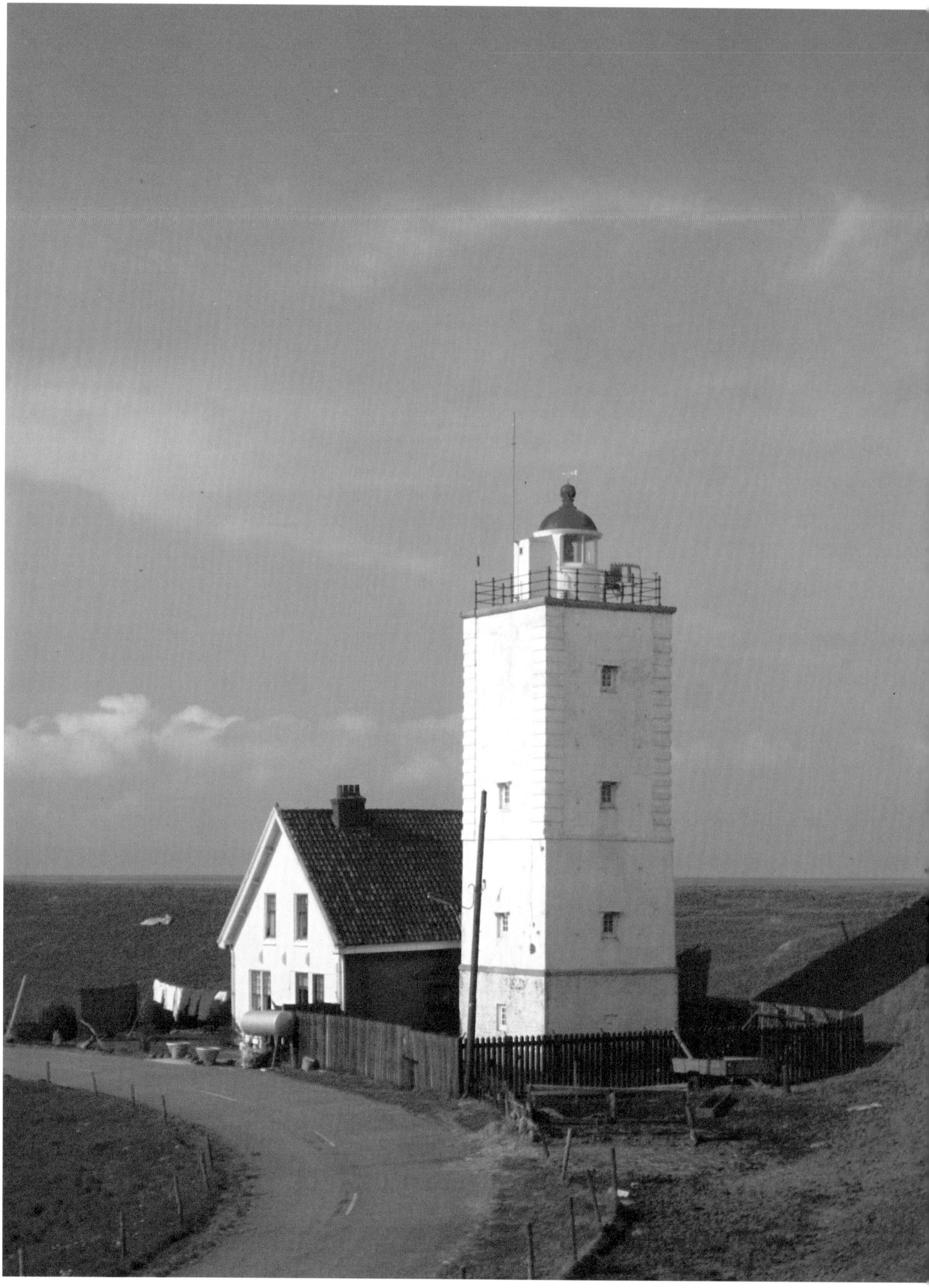

Overal langs de uitgestrekte kustlijn staan vuurtorens, bakens overdag en 's nachts voor de schippers op zee. Vaak zijn het sierlijke bouwwerken, soms ook eenvoudige, plompe torens met een simpel draailicht, fel wit geschilderd terwille van de zichtbaarheid, zoals de vuurtoren Het Ven aan de Noordhollandse kust van de vroegere Zuiderzee, nu het IJsselmeer (links).

Het slib, dat de grote rivieren eeuwenlang ongehinderd van verre hebben aangevoerd en dat bij iedere overstroming achterbleef heeft gezorgd voor een vruchtbare bodem, in het bijzonder geschikt voor de fruitteelt. Achter de hoge dijken, die de rivieren nu binnen de perken houden, strekken zich kilometers lange boomgaarden uit, zoals langs de Lekdijk in de provincie Utrecht (boven).

The entire Dutch coastline is dotted with lighthouses, constant beacons both day and night for those at sea. Many are handsome, decorative edifices but others consist of only a plain, sturdy tower, brightly whitewashed for visibility, topped by a simple revolving lantern. 'Het Ven' (The Fen) at left stands on the north coast of the IJsselmeer, once the Zuider Zee.

Spring in the central Netherlands brings the fruit blossom. This annual show in delicate pastels takes place in the area of the great river basin of the Rhine, Waal, Lek, and Merwede. The idyllic scene above is typical: the Lek dyke in the province of Utrecht. Yet an invisible shadow hangs over all this delight. In recent years many fruit farmers have chopped down their trees because this part of the industry is simply too labourintensive. For the time being, however, the beauty remains for all to see.

Überall an der langgestreckten Küstenlinie stehen Leuchttürme und Baken, Orientierungspunkte für die Schiffahrt bei Tag und Nacht. Manchmal sind es elegante Bauwerke, manchmal auch nur einfache, funktionelle Türme mit einem Drehlicht, weiss angestrichen, um besser erkennbar zu sein. Hier der Leuchtturm 'Het Ven' an der nordholländischen Küste der früheren Zuiderzee, dem jetzigen IJsselmeer (links).

Der Schlamm, den die grossen Flüsse jahrhundertelang von weit her ungehindert anführten und der bei jeder Überschwemmung zurückblieb, hat für einen sehr fruchtbaren Boden gesorgt, der besonders für den Obstanbau geeignet ist. Hinter den hohen Deichen, welche die Flüsse unter Kontrolle halten, dehnen sich kilometerlange Obstplantagen aus, wie entlang dem Lekdeich in der Provinz Utrecht (oben).

Jour et nuit, phares et balises délimitent la ligne infinie du littoral à l'intention des marins en mer. S'il s'agit souvent de belles constructions, les phares sont parfois aussi des tours massives sans grande prétention, surmontées d'un simple projecteur et peintes en blanc pour des raisons de visibilité. Ainsi, le phare de Het Ven (Hollande septentrionale), sur le littoral de l'ancien Zuiderzee devenu l'IJselmeer (à gauche).

Le limon charrié pendant des siècles par les fleuves et déposé à l'intérieur des terres à chaque inondation a donné au pays un sol fertile, particulièrement adapté aux cultures fruitières. Derrière les hautes digues qui contiennent maintenant fleuves et rivières, des vergers s'étendent sur des kilomètres; c'est le cas le long des digues du Lek, dans la province d'Utrecht (ci-dessus).

Geografisch gezien vormen Groningen en Friesland één gebied, maar nergens zijn de tegenstellingen soms zo groot als in een klein land. De Friezen met hun eigen taal en hun eigen cultuur voelen zich in menig opzicht onafhankelijk van de rest van het land. Het is het land van de watersport en de schaatssport: tientallen grote en kleine meren, door vaarten verbonden, houden het isolement mede in stand. Boerderijen van dit type (boven) treft men aan in de streek tussen Bolsward en Workum, waar veeboeren wonen met de beste koeien ter wereld (zeggen de Friezen).

Geographically, the northern provinces of Groningen and Friesland form a single unit. Nevertheless, as sometimes happens within a small area, the differences between them are singularly marked. In some respects, the Friesians, with their own language and culture, feel quite separate from the rest of the country: a multitude of large and small lakes, interlinked by waterways, reinforce the isolation. The farm above, situated between Bolsward and Workum, is typical; low-gabled and protected from the constant wind by trees, it stands among the lush pastures that nurture some of the world's most productive dairy cattle.

Geografisch gesehen bilden Groningen und Friesland ein Gebiet, aber häufig sind Gegensätze nirgendwo so gross wie in einem kleinen Land. Die Friesen mit ihrer eigenen Sprache und eigener Kultur fühlen sich in vielerlei Hinsicht unabhängig vom übrigen Land. Friesland ist das El Dorado des Wassersports und des Schlittschuhlaufs: Unzählige grosse und kleinere Seen, durch Kanäle miteinander verbunden, bieten die ideale Voraussetzung. Bauernhöfe dieses Typs (oben) findet man zwischen Bolsward und Workum, wo es die besten Viehbauern der Welt gibt. (Das sagen die Friesen.)

Les provinces de Groningue et de Frise forment un ensemble du point de vue géographique, mais les contrastes ne sont sans doute jamais aussi grands que dans un petit pays. Les Frisons, avec leur langue et leur culture, se sentent à maints égards indépendants du reste du pays. La Frise est le paradis des sports nautiques et du patinage; des dizaines de lacs, grands et petits, reliés par des canaux, contribuent à maintenir son isolement. Les fermes de ce type (ci-dessus) se rencontrent entre Bolsward et Workum, dans une région qui produit les meilleures vaches au monde... (disent les Frisons!).

De rijkste boeren wonen in Groningen, de noordelijkste provincie van Nederland, het land van de vette zeeklei. Maar die treft men voornamelijk aan in de polders langs de kust van de Waddenzee. Het westelijke deel van de provincie, grenzende aan Friesland, heeft een intiemer landschap met zijn vele kleine dorpjes en zijn uitgestrekte weiden. De foto toont de streek rondom het dorp Oldenhove en het silhouet met de stompe kerktoren verraadt direct, dat dit het land is met zijn vele terpdorpen, gebouwd op een kleine heuvel, door mensenhanden opgeworpen. Als het land door overstromingen werd geteisterd - en geen landstreek is in de loop der eeuwen zo vaak door het water geteisterd dan juist Groningen en Friesland - dan bleef het terpdorp altijd nog wel gespaard. De meeste terpen zijn al lang afgegraven, maar de kerk staat vaak nog op zo'n kunstmatige heuvel. De Groningers staan bekend als een stug, nors, zwijgzaam volk, maar dat is slechts schijn.

Groningen, the most northerly province of the Netherlands is justly famous for its rich, sea clay soil and for the prosperous farmers who cultivate it. In fact, this reputation stems from the orderly, reclaimed polders near the Waddenzee coast. Towards the west and the Friesian border, the province has a more intimate landscape of scattered little villages surrounded by wide meadows. The village of Oldenhove (above) is built on a small, man-made hillock. Such mounds are common in the area. In the past, when the land was continually subject to flooding (Friesland and Groningen possibly more so than any other part of the country) the mound villages usually remained intact. By now, many of the mounds have been levelled but the churches remain, standing proud on their artificial elevations.

Die reichsten Bauern wohnen in Groningen. Es ist die nördlichste Provinz Hollands und das Land des fetten Kleibodens, den man hauptsächlich in den Poldern entlang des Wattenmeeres antrifft. Der westliche Teil der Provinz, der an Friesland grenzt, hat einen intimeren Landschaftscharakter: Es gibt dort viele pittoreske kleine Dörfer, malerisch verteilt in einer ausgedehnten Weidelandschaft. Das Foto zeigt das Gebiet um das Dörfchen Oldenhove, und die Silhouette mit dem stumpfen Kirchturm verrät sofort, dass dies das Land der viele Terp-(Warft)Dörfer ist, die auf künstlichen Hügeln gebaut sind. Diese Hügel (Terpen) waren eine Schutzmassnahme gegen die zahlreichen Sturmfluten - wohl kein Gebiet ist im Lauf der Jahrhunderte mehr durch Überschwemmungen heimgesucht worden als Groningen und Friesland - und dienten als letzter Zufluchtsort vor den hereinbrechenden Wassermassen. Viele dieser Terpen sind inzwischen abgegraben, die Kirche jedoch hat man meistens auf dem erhöhten Platz gelassen. Von den Groningern sagt man, dass sie mürrisch und schweigsam sein - dies ist ein Vorurteil und damit weit von der Wahrheit entfernt.

C'est en Groningue, la province la plus septentrionale des Pays-Bas, pays des terres grasses et argileuses, que vivent les paysans les plus aisés. Et plus particulièrement dans les polders du littoral de la mer des Wadden. La partie occidentale de la province, limitrophe de la Frise, connaît un paysage plus intimiste où des prairies infinies sont parsemées de nombreux petits villages. La photo montre les environs du village d'Oldenhove; la silhouette obtuse du clocher est bien caractéristique de ces villages bâtis sur de petits tertres. Lors des inondations - aucune autre région du pays ne connut au long de son histoire autant d'inondations que la Frise et la province de Groningue - le village émergeait et était ainsi épargné par les flots. Si la plupart de ces monticules ont été nivelés par le temps, l'église se dresse bien souvent encore sur un remblai. L'habitant de la province de Groningue est réputé pour son caractère revêche, maussade et taciturne, mais sans doute ne s'agit-il là que d'une apparence.

Half in de zware rivierdijk gebouwd staan in de tientallen polders langs de brede stromen van het Zuidhollandse landschap de oude boerderijen. De waterstand reikt tot ongeveer de dakrand, maar de diepe polder achter de dijk is goed beschermd. Terwille van een nog grotere veiligheid wil men deze dijkboerderijen slopen, maar dat gaat dan wel ten koste van veel wat oud en mooi is.

In the numerous polders stretching away below the broad waterways of the south of Holland, ancient farmhouses stand half-rooted in the massive river embankments. The water flows past at roughly the same level as the roofs, but the deep polder behind the dyke is well protected. For absolute safety, some people think that such farmhouses should be demolished. If that does come to pass, it will be at the expense of a great deal of beauty and tradition.

Halb in die mächtigen Flussdeiche hineingebaut, stehen in den unzähligen Poldern entlang den breiten Flüssen von Südholland die alten Bauernhöfe. Obwohl der Wasserstand manchmal Dachhöhe erreicht, sind die tiefgelegenen Polder hinter dem Deich gut beschützt. Um optimale Sicherheit zu erreichen, will man diese alten Deichhäuser abreissen - sicherlich ein hoher und historischer Preis, wenn man bedenkt, dass diese Höfe teilweise Jahrhunderte den Launen der Natur trotzen.

A moitié bâties dans les puissantes digues, des dizaines de vieilles fermes émaillent les polders de part et d'autre des larges voies d'eau de la Hollande méridionale. Le niveau de l'eau se situe environ à la hauteur du toit, mais le polder est parfaitement à l'abri derrière les digues. On parle de démolir ces fermes endiguées afin d'obtenir une sécurité encore accrue mais cela ne se ferait qu'aux dépens du pittoresque et de la tradition.

De grote plassen van Noordholland, de Beemster, de Purmer, de Schermer, zijn alle reeds in de 17de eeuw drooggemalen als belegging voor de rijkdommen, die de Amsterdamse kooplieden zich met de handel hadden verworven. Dat geschiedde uiteraard met behulp van watermolens. De meeste zijn al lang verdwenen, maar hier en daar houden zij nog de wacht, ook al geschiedt de waterbeheersing nu met andere middelen. Dit zijn drie monumenten uit het verleden: de molens van de Schermerpolder tussen Amsterdam en Alkmaar.

The vast lakes of the province of North Holland were all reclaimed as early as the Seventeenth Century. Drainage techniques at the time relied on windmills' lifting water. Thanks to societies and to individuals who, perhaps, like to be reminded of a quieter age, some windmills remain: three such monuments stand in the Schermerpolder, between Amsterdam and Alkmaar.

Die grossen Seen von Nordholland, Beemster, Purmer und Schermer, sind schon im 17. Jahrhundert durch reiche Kaufleute aus Amsterdam aus Investierungsgründen trockengelegt worden. Dies geschah mit der Hilfe von Wassermühlen. Die meisten sind schon lange verschwunden, doch vereinzelt funktionieren sie noch, obwohl die Wasserkontrolle jetzt mit modernen Methoden geregelt wird. Drei Denkmäler der Vergangenheit: Die Mühlen des Schermerpolders zwischen Amsterdam und Alkmaar.

Les grands lacs intérieurs de Hollande septentrionale - Beemster, Purmer, Schermer - furent asséchés dès le XVIIe siècle grâce aux imposantes contributions des bourgeois amstellodamois que le commerce avait enrichis. Les travaux furent alors menés à bien à l'aide de moulins. La plupart de ceux-ci ont aujourd'hui disparu, supplantés par les techniques de pointe, mais on peut encore en admirer quelques-uns. Voici, pour témoigner du passé, les trois moulins du Schermerpolder, entre Amsterdam et Alkmaar.

God schiep de wereld, behalve Nederland, want dat werd door de Nederlanders zelf geschapen. - Deze profane uitspraak wordt aan vele spitse geesten toegeschreven en ofschoon menige bijbelvaste Nederlander er zich aan zal ergeren schuilt er een kern van waarheid in. Dit is het beeld van een polder-in-wording: Flevoland, eens Zuiderzee, nu vogelparadijs, straks landbouwgrond, woongebied, industrieterrein, bos, maar altijd: een nieuw stuk van Hollands tuin.

'God created the world, excepting the Netherlands: the Dutch created that for themselves.' Even if this muchquoted liberty with the Book is not precisely music to the ears of a pious Dutchman, there is certainly more than a grain of truth in it. Above is a modern polder in the making, at Flevoland. Once, it was the Zuider Zee; now, it is a paradise for birds; soon it will be known as a place where people live and work. Compare this interim stage of reclamation with the complete agricultural polder opposite.

'Gott schuf die Welt - die Holländer schufen Holland'. Dieses profane Sprichwort wird vielen Geistes-Heroen zugeschrieben und obwohl sich mancher bibelfeste Holländer darüber ärgert, sitzt doch ein Kern von Wahrheit darin verborgen. Dies ist die Ansicht eines Polders im Bau: Flevoland, einst die Zuiderzee, zur Zeit Vogelparadies, und sehr bald landwirtschaftliches Gebiet, Wohngebiet, Wald, Industrieregion - ein neues Stück Holland.

«Dieu créa la terre, à l'exception de Pays-Bas, qui furent créés par les Néerlandais eux-mêmes», dit un dicton attribué à plus d'un grand esprit d'autrefois. S'il offense encor maint Néerlandais soucieux de la tradition biblique, ce dicton n'en conserve pas moins un noyau de vérité. Voici le spectacle d'un polde en plein essor: le Flevoland (le Zuiderzee d'autrefois), qui représen aujourd'hui un véritable paradis pol les oiseaux, sera bientôt transformé tout à la fois en terrain agricole, zon résidentielle, parc industriel et régic forestière; il ajoutera un nouveau fleuron à la mosaïque du grand jardin de Hollande.

Veertig jaar geleden was dit land een onafzienbare watervlakte, de Zuiderzee. Het is moeilijk voor te stellen, dat in vroegere eeuwen hier de uit Indië komende vrachtvaarders naar de haven van Amsterdam koersten, want via het Marsdiep bereikten zij, van de Noordzee komende, via deze binnenzee hun thuishaven. Sinds de jaren twintig van deze eeuw is er gewerkt aan de afsluiting en gedeeltelijke droogmaking van deze zee en dit is een luchtfoto van het gedeelte, dat tijdens de Tweede Wereldoorlog droog werd gemaakt, de Noord-Oostpolder. Groene akkers, wuivend graan, kaarsrechte wegen, kaarsrechte sloten en hier en daar een boerderij, het nieuwe land beneden de zeespiegel. Bij de ontginning wordt menigmaal nog het wrak van een schip aangetroffen en ook zijn de wrakstukken gevonden van vele bommenwerpers uit de Tweede Wereldoorlog, die, opgestegen van vliegvelden in Engeland, via de Zuiderzee op weg waren naar het Ruhrgebied in Duitsland, maar door jagers werden onderschept.

Just forty years ago, this was not land at all, but the immense expanse of the Zuider Zee. Looking at it now, it is hard to imagine that for centuries this erstwhile inland sea, reached from the North Sea via the Marsdiep, meant the final lap for East Indies merchantmen returning to berth at Amsterdam. Work on the enclosure and partial reclamation of the Zuider Zee began in the 1920's: the Noord-Oostpolder shown above was drained during the Second World War. Green fields, waves of wheat, dead straight roads and ditches and, here and there, a farm - this is the image of virgin land from below the sea. In the early stages of a polder's creation it is not unusual to find an ancient shipwreck or, of more recent origin, aeroplanes that crashed in the Second World War. Many of these were Allied bombers, *en route* for Germany's industrial Ruhr but intercepted over the Zuider Zee by enemy fighters.

Vor vierzig Jahren war dieses Land eine unendliche Wasserwüste - die Zuiderzee. Man kann sich nur noch sehr schwer vorstellen, dass in früheren Jahrhunderten die aus Indien kommenden Kauffahrteischiffe sich hier auf Kurs zum Hafen von Amsterdam befanden, nachdem sie von der Nordsee aus durch das Marsdiep eingefahren waren. In den zwanziger Jahren dieses Jahrhunderts wurde mit dem Abschliessen und der Einpolderung dieses Meeres begonnen, und dies ist eine Luftaufnahme des Teiles, der während des zweiten Weltkrieges trockengelegt wurde: der Nord-Ost Polder. Grüne Äcker, wogendes Getreide, symmetrische Strassen, Wassergräben und hier und da ein Bauernhof: neues Land unter dem Meeresspiegel. Beim Urbarmachen findet man noch oft Schiffswracks, ausserdem stiess man auf Wracks von Flugzeugen des zweiten Weltkrieges, die auf dem Weg von England zum Ruhrgebiet abgeschossen wurden.

Il y a quarante ans s'étalait ici à perte de vue une étendue d'eau appelée Zuiderzee. Il est difficile d'imaginer que passaient par cette mer intérieure, reliée à la mer du Nord par le Marsdiep, les caravelles des Indes ralliant Amsterdam. Les travaux de fermeture et d'assèchement partiel de cette mer ont débuté dans les années 1920. Cette photo aérienne montre la partie asséchée durant la deuxième guerre mondiale: le Polder du Nord-Est. Des champs verdoyants, des céréales ondoyant dans le vent, des routes et des tranchées tracées au cordeau, çà et là une ferme: ainsi se présente ce nouveau pays situé sous le niveau de la mer. Les travaux de défrichement mettent parfois à jour des épaves de bateaux, et même des bombardiers de la dernière guerre partis d'Angleterre et abattus ici en plein vol vers la Ruhr.

Dank zij de nabijheid van de zee komen lange strenge winters in Nederland maar zelden voor. Komt echter de kou en gaat deze gepaard met nevel en mist, dan ontstaan deze beelden: robuuste knotwilgen in het stille, winterse weiland, die hun met rijp bedekte takken uitstrekken naar de grauwe lucht. Dit is een winters landschap in de omgeving van Loenen langs de Utrechtse Vecht.

Long, hard winters are rare in the Netherlands, for the sea is a fairly reliable, seasonal warmth reservoir. Regularly, however, the weather turns really cold. Mist and fog roll over the land, the ground turns to iron, and the hardy, pollarded willows turn an ephemeral foliage of frost to a sky of silent slate: the winter mood of a spot near Loenen, province of Utrecht, on the River Vecht.

Bedingt durch das Seeklima gibt es in Holland relativ wenig lange und strenge Winterperioden. Wenn jedoch ein Kälteeinfall mit Nebel und Feuchtigkeit zusammentrifft, entstehen diese Bilder: Robuste Kopfweiden auf einer stillen, winterlichen Weide, ihre mit Reif bedeckten Zweige strecken sich in den grauen Himmel. Diese Winterlandschaft liegt in der Umgebung von Loenen, entlang dem Flüsschen 'Utrechtse Vecht'.

La proximité de la mer adoucit le climat des Pays-Bas, où les hivers sont rarement rudes. Mais que le froid s'accompagne de brumes et brouillards, et l'on assiste à un spectacle étonnant: au milieu des plaines assourdies par l'hiver, des saules robustes tendent vers le ciel gris leurs branches givrées. Voici ur paysage hivernal de la région de Loenen, le long du Vecht (province d'Utrecht).

Tweederde van de totale landbouwgrond in Nederland bestaat uit grasland, de uitgestrekte dis voor 2,2 miljoen koeien, die jaarlijks tien miljard liter melk produceren, die een waarde vertegenwoordigt van 5,6 miljard gulden. Van die melk wordt 35% tot kaas verwerkt, 15% tot boter, 15% tot consumptiemelk en 10% tot gecondenseerde melk en de resterende 25% wordt tot melkpoeder verwerkt. Nederland is dan ook de grootste exporteur van zuivel ter wereld. En hoe vreemd het ook klinkt: er komt steeds meer grasland bij, ondanks de voortschrijdende verstedelijking van het land. Maar er blijft dan ook geen enkele graspriet staan, die niet wordt opgegeten. De veehouders laten dan ook wat de landbouweconomie betreft alle andere bedrijfsgenoten ver achter zich.

Hull-down in a sea of blossom-studded pasture, one of Holland's prime economic units takes time out for contemplation. Whatever this country may lack in size, it makes up for in dairy production. The bovine philosopher above is one of the 2.2 million cattle in the Netherlands producing an extraordinary total of ten billion litres of milk per year, representing some five and a half billion guilders. Using nearly two-thirds of its agricultural land as meadow and feed, the Netherlands is the world's largest exporter of dairy products. Moreover, odd as it may sound, the meadows continue to expand, despite increasing urbanisation, and not a stalk of grass is wasted.

Zwei Drittel der gesamten landwirtschaftlichen Nutzfläche Hollands besteht aus Gras- und Weideland, ein gedeckter Tisch für die 2,2 Millionen Kühe, welche jährlich 10 Milliarden Liter Milch im Werte von 5,6 Milliarden Gulden produzieren. Von dieser Milch werden 35% zu Käse verarbeitet, 15% zu Butter, 15% zu Milch, 10% zu kondensierter Milch und die restlichen 25% werden für Trockenmilch verwendet. Damit ist Holland der grösste Milchprodukt-Exporteur der Welt. Und es mag merkwürdig klingen: Trotz der zunehmenden Verstädterung des Landes nimmt die Grasfläche ständig zu, und jeder Grashalm landet auch da, wo er seine Bestimmung erfüllt: Im Magen der Kuh. Die Viehbauern haben vor anderen Kollegen einen weiten landwirtschaftsökonomischen Vorsprung.

Les deux tiers des terres agricoles des Pays-Bas, constitués de prairies, servent de pâturages à 2,2 millions de vaches; celles-ci produisent 10 milliards de litres de lait par an, pour une valeur de 5,6 milliards de florins. Ce lait permet la fabrication de fromage (35%), de poudre de lait (25%), de beurre (15%) et de lait concentré (10%); le reste, soit environ 15%, sert à la consommation courante. Les Pays-Bas sont ainsi le premier exportateur de produits laitiers au monde. Et quel paradoxe que celui-ci: les pâturages étendent sans cesse leur superficie, malgré l'urbanisation croissante du pays. Mais pas une herbe ne pousse qui ne soit mangée. Les propriétaires de bétail laissent ainsi bien loin derrière eux tous leurs partenaires agricoles.

Een horizon vol met torens

Het heeft betrekkelijk lang geduurd voor het christendom vaste grond onder de voeten kreeg in de Nederlanden. Weliswaar predikte in de 4de eeuw bisschop Servatius in Maastricht de nieuwe heilsleer, maar het duurde tot 695 voor de eerste bisschop der rooms katholicke kerk, Willibrord, zich in Utrecht vestigde en de min of meer volledige kerstening van het land was pas omstreeks het jaar 1000 voltooid. Kerken in de romaanse bouwstijl vindt men voornamelijk in Limburg (Maastricht met zijn St.-Servatius en O.L. Vrouwekerk), gotische kerken (uit de periode 1225-1525) zijn over het hele land verspreid. Bij de reformatie in de 16de eeuw gingen in de noordelijke provincies tal van rooms-katholieke kerken over in protestants beheer. Ondanks de vaak felle en langdurige religieuze twisten zijn de meeste kerken ongeschonden uit die strijd te voorschijn gekomen en hun talrijke torens beheersen ook nu nog het landschap.

Towers make up the skyline

Christianity was slow to spread through the Netherlands. Although Bishop Servatius was preaching the new religion in Maastricht in the Fou Century, it was not until 695 A.D. that the first see c the Roman Catholic Church was established in Utrecht, by Bishop Willibrord. In spite of the many bitter religious controversies that have followed, m of the churches themselves have emerged unscath and now, as then, their numerous steeples and towers dominate the landscape.

Der Horizont ist von Türmen geprägt

Es hat ziemlich lange gedauert, bevor das Christentum in Holland festen Boden unter seine Füsse bekam. Zwar verkündete schon im 4. Jahrhundert Bischof Servatius in Maastricht die neue Heilslehre, aber es dauerte bis 695, bevor sich der erste Bischof der römisch-katholischen Kirche, Willibrordus, in Utrecht niederliess und erst im Jahr 1000 konnte man das Land als vollkommen christianisiert betrachten. Kirchen im romanischen Baustil findet man vornehmlich in Limburg (Maastricht mit der St. Servatius Kirche und der Onze Lieve Vrouwe-Kirche), gotische Kirchen (aus der Periode 1225-1525) sind über das ganze Land verbreitet. Während der Reformation im 16. Jahrhundert gingen in den nördlichen Provinzen viele katholische Kirchen in protestantische Verwaltung über. Trotz der oft heftigen und langen Religionskriege haben die meisten Kirchen die Zeiten überdauert, und ihre Türme beherrschen auch heute noch das Landschaftsbild.

Partout des clochers à l'horizon

Le christianisme mit un certain temps à s'implanter aux Pays-Bas. Si l'évêque Servais prêchait déjà la nouvelle foi à Maestricht au IVe siècle, ce n'est qu'e 695 toutefois que le premier évêque de l'Eglise catholique romaine, Willibrord, put s'établir à Utrec La christianisation plus ou moins complète du pays ne fut pas menée à bien avant l'an 1000.
Il est donc logique de trouver les églises romanes essentiellement dans la province de Limbourg (Saint-Servais et Notre-Dame à Maestricht), alors qu les églises gothiques (construites de 1225 à 1525 environ) sont répandues dans tout le pays. Lors de l Réforme, au XVIe siècle, bon nombre d'églises catholiques des provinces du Nord passèrent sous l'autorité protestante. En dépit de luttes religieuses longues et souvent acharnées, la plupart des églises ont remarquablement traversé les siècles, et leurs clochers continuent à dominer le paysage.

Nergens staan de kerken er zo stoer en stevig bij als in de waterprovincie Zeeland. Dit is de uit de 15de eeuw daterende Onze-Lieve-Vrouwekerk in Veere op Walcheren, een laat-gotische basiliek van de architecten Anthonius en Rombout Keldermans. De toren is nooit voltooid. Een brand in 1686 en een bombardement door de Engelse vloot in 1809 hebben het bouwwerk zwaar geschonden. In 1950 is de kerk geheel gerestaureerd.

Of all Holland's churches, none seem as stalwart and steadfast as those of Zeeland: the Fifteenth Century Church of Our Lady in Veere stands on the island of Walcheren. After severe damage by fire in 1686 and by British bombardment in 1809, this late Gothic basilica was entirely restored in 1950.

Nirgendwo sind die Kirchen so solide und mächtig gebaut wie in Zeeland, der Wasserprovinz. Dies ist die aus dem 15.Jahrhundert stammende 'Onze Lieve Vrouwenkerk' in Veere auf der Insel Walcheren, eine spätgotische Basilika. Der Turm ist niemals vollendet worden. Ein grosser Brand im Jahre 1686 und eine Beschiessung durch die englische Flotte im Jahre 1809 haben das Bauwerk beschädigt, jedoch wurde die Kirche restauriert.

Nulle part ailleurs les églises ne sont aussi massives et imposantes que dans le «pays de la mer», la Zélande. Ci-dessus, l'église Notre-Dame de Veere (Walcheren), qui date du XVe siècle; cette basilique de style gothique tardif est due aux architectes Antoine et Rombaut Keldermans. Le clocher ne fut jamais achevé; en outre, l'incendie de 1686 et un bombardement de la flotte anglaise en 1809 endommagèrent gravement l'édifice. L'église fut restaurée.

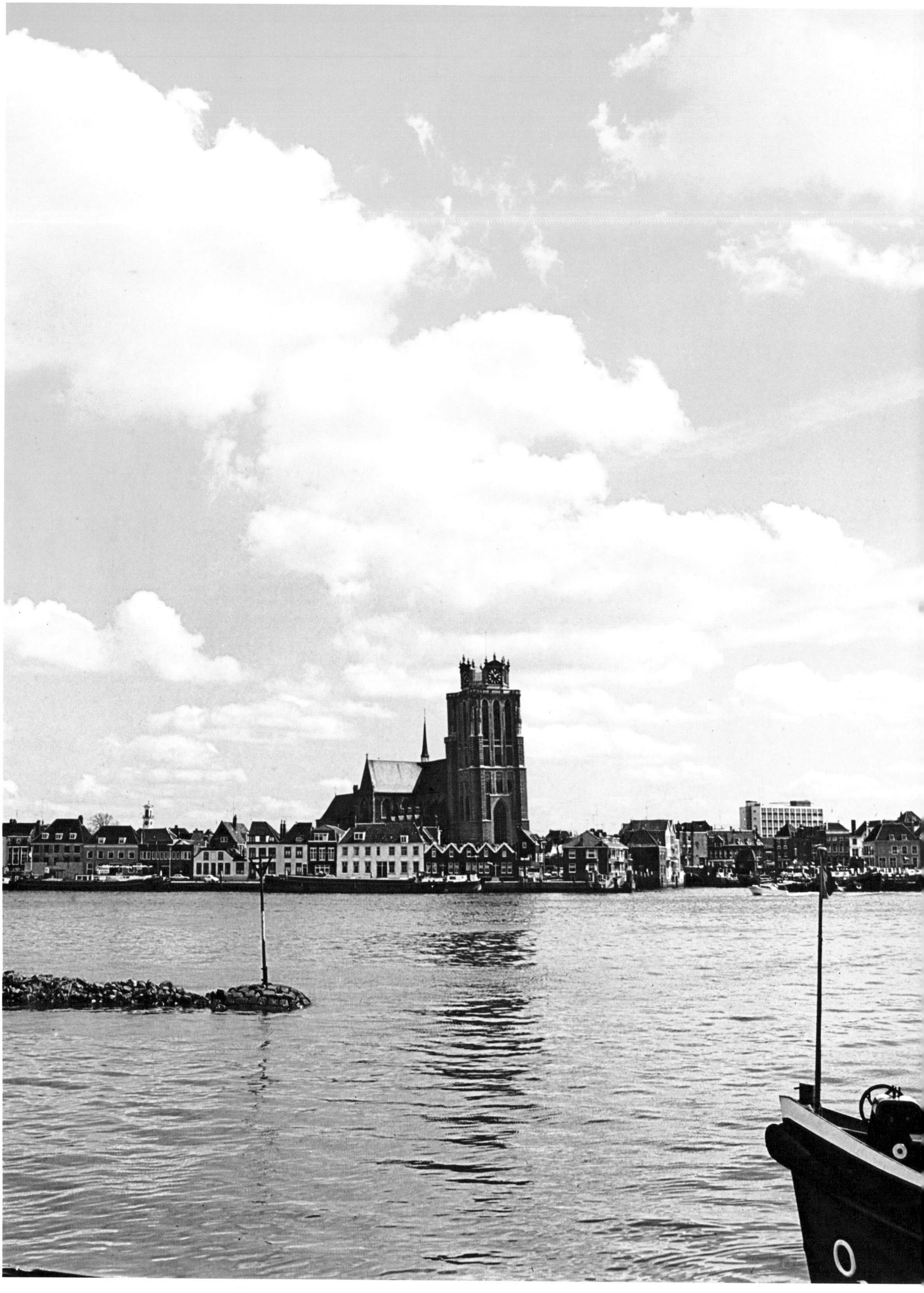

Van sommige steden wordt het silhouet geheel beheerst door slechts één toren, zoals die van de Dordrechtse Onze Lieve Vrouwekerk (links), daterend uit de 14de eeuw en eigenlijk nooit geheel afgebouwd. Veel sierlijker is de Westertoren in het hart van Amsterdam (boven rechts), daterend uit de 17de eeuw en gesierd met de 'gouden' keizerskroon van Maximiliaan van Oostenrijk. En ronduit bescheiden is het simpele torentje van de kerk in Krommenie (boven links).

From a distance, the profiles of many towns are entirely dominated by a single tower, like the one of Our Lady at Dordrecht (left), dating from the Fourteenth Century and never properly completed. A more decorative outline is presented by the Seventeenth Century Westertoren in the heart of Amsterdam (above right), surmounted bu the golden imperial crown of the Emperor Maximilian of Austria. In contrast, the little tower of the church in Krommenie (above left) is remarkable for its modest simplicity.

Die Silhouette mancher Städte wird vollständig geprägt durch nur einen Kirchturm, ein gutes Beispiel dafür ist die 'Onze Lieve Vrouwekerk' in Dordrecht (links), sie stammt aus dem 14. Jahrhundert und ist nie ganz vollendet worden. Viel eleganter ist der 'Westertoren' im Herzen Amsterdams (oben rechts), er wurde im 17. Jahrhundert gebaut und trägt auf der Turmspitze die goldene Kaiserkrone von Maximilian von Österreich. Dagegen ist der kleine Turm der Kirche von Krommenie von sehr einfacher architektonischer Beschaffenheit (oben links).

Le paysage de certaines villes est dominé par une seule tour, comme par exemple à Dordrecht (ci-contre). L'église Notre-Dame, dont la construction fut entamée au XIVe siècle, ne fut jamais complètement achevée. Beaucoup plus élégant, le clocher de la Westerkerk (ou Église de l'Ouest) se dresse en plein cœur d'Amsterdam (ci-dessus, à droite); cette tour du XVIIe siècle porte la couronne impériale de Maximilien d'Autriche. Enfin voici, remarquable de simplicité, le clocheton de l'église de Krommenie (ci-dessus, à gauche).

Torens met een peervormige bekroning, zoals in Dwingeloo, Drente (boven) treft men in Nederland niet veel aan. Deze 'peer' is aangebracht na de brand in 1631. De kerk zelf dateert uit de 15de eeuw. - Van wel iets grotere allure is de 112 meter hoge toren van de Domkerk in Utrecht (rechts), het centrum van de rooms-katholieke kerk in Nederland. Maar de eertijds aan St. Maarten gewijde kathedraal is al eeuwenlang een hervormde kerk. De toren staat overigens geheel los van de kerk.

'Onion'-capped steeples like the one at Dwingeloo in Drente (above) are uncommon in the Netherlands. The onion was mounted in 1631, following damage by fire to the original structure. The church itself dates from the Fifteenth Century. Rather more splendid in concept is the 112-metre tower of Utrecht cathedral (right). Although Utrecht is the centre of Roman Catholicism in the Netherlands, the cathedral, once dedicated to St. Martin, has been a Protestant church for centuries. It is interesting to note that the tower is quite separate from the body of the church.

Birnenförmige Türme, wie in Dwingeloo, Drente (oben) gibt es nur sehr selten in Holland. Diese 'Birne' wurde nach dem Brand im Jahre 1631 angebracht. Die Kirche datiert aus dem 15. Jahrhundert.
Eine wesentlich eindrucksvollere Erscheinung ist der 112 Meter hohe Turm der Domkirche in Utrecht (rechts), dem Zentrum der römisch-katholischen Kirche in Holland. Die seinerzeit St. Martin geweihte Kathedrale ist jedoch schon jahrhundertelang eine reformierte Kirche. Der Turm ist übrigens nicht an die Kirche angebaut, sondern steht frei.

Des clochers bulbeux comme celu de Dwingeloo en Drenthe (ci-dess sont relativement rares aux Pays-Bas. Ce bulbe fut ajouté à l'édifice construit au XVe siècle, après l'incendie de 1631. Le clocher, haut d 112 mètres, de la cathédrale d'Utrecht (à droite) a bien plus fiè allure; c'était jadis la capitale de l catholicité aux Pays-Bas. Cependa la cathédrale autrefois consacrée à saint Martin est, depuis des siècle déjà, devenue une église réformé La tour est aujourd'hui complètement séparée du sanctuaire.

Soms kan de schijn bedriegen: de Stevenskerk in Nijmegen dateert van de 13de eeuw, maar de toren (boven) is van 1953. De spits werd namelijk tweemaal door oorlogsgeweld vernield, tijdens de Tachtigjarige Oorlog (1568-1648) en tijdens de Tweede Wereldoorlog in 1944. Nog echt oud is de stoere toren van het romaanse kerkje in Marsum, Groningen, gebouwd in de tweede helft van de 12de eeuw (rechts).

Appearances can sometimes deceive: the Church of St. Stephen in Nijmegen dates from the Thirteenth Century, but the steeple (above) was completed in 1953. Its two predecessors were both victims of war damage: first during the Eighty Years' War (1568-1648) and again in the Second World War. An example of genuine antiquity is the stout tower of the little Norman church in Marsum, Groningen (right), built during the latter half of the Twelfth Century.

Manchmal kann der Schein auch trügen: Die 'Stevenskerk' in Nijmegen wurde im 13. Jahrhundert gebaut, der Turm (oben) aber erst 1953. Seine Spitze wurde nämlich zweimal durch Kriegsgewalt vernichtet, während des 80jährigen Krieges (1568-1648) und während des zweiten Weltkrieges 1944. Noch wirklich alt ist der stämmige Turm der kleinen romanischen Kirche in Marsum, Groningen; er wurde in der zweiten Hälfte des 12. Jahrhunderts errichtet.

Les apparences sont parfois trompeuses: l'église Saint-Etienne (Stevenskerk) de Nimègue a été construite au XIIIe siècle, mais son clocher (ci-dessus) date de 1953. Le sommet de la tour fut en effet détruit à deux reprises: durant la «Guerre 80 ans» (1568-1648), et en 1944 pendant la deuxième guerre mondiale. Nul ne conteste par contre l'ancienneté du clocher massif surmontant petite église romane de Marsum (province de Groningue): sa construction remonte à la seconde moi du XIIe siècle (à droite).

Omdat het land zo vlak is lijkt het er vaak op alsof de steden en dorpen een nauwelijks onderbroken snoer van nederzettingen vormen, meestal schuil gaande achter de kruinen van hoge, oude bomen. Maar altijd steekt boven zo'n bomengroep wel een kerktoren uit, zoals in het Brabantse Middelbeers (boven links). De kerk, daterend uit de eerste helft van de 15de eeuw - en in dit altijd overwegend rooms-katholieke land nooit in handen van een ander kerkgenootschap overgegaan - is een bescheiden, maar charmant gebouw. Geheel anders van vorm is de nauwelijks boven de dorpshuizen uitkomende gedrongen vierkante toren van de kerk in Ezinge in Groningen (boven rechts), gebouwd in de 13de eeuw en natuurlijk weer staande op een 'wierde', een kleine heuvel in het landschap.

Due to the extreme flatness of the landscape it often seems as if the towns and villages form an almost unbroken chain, usually half-concealed behind the foliage of lofty, venerable trees. Invariably, however, a church rises above the surrounding copse. Middelbeers in Brabant (above left) is a fine example. It is an unpretentious but charming edifice built during the first half of the Fifteenth Century which has never - in this devoutly Roman Catholic area - served any other denomination. Completely different proportions characterise the squat, square tower of the Church in Ezinga, Groningen (above right), which scarcely manages to rise above the adjacent houses. Ezinga was constructed in the Thirteenth Century and built, as was customary, on top of a 'wierde', a little hillock.

Weil das Land so flach ist, erscheint es manchmal so, als ob Städte und Dörfer eine kaum unterbrochene Schnur von Siedlungen sind, die sich meistens hinter den Wipfeln von alten, hohen Bäumen verstecken. Aber immer werden die Bäume von einem Kirchturm überragt, so auch im brabantischen Middelbeers (oben links). Die Kirche, zurückdatierend in die erste Hälfte des 15. Jahrhunderts (und in diesem schon immer überwiegend katholischen Landstrich niemals zu einer anderen Kirchengemeinschaft zugehörig gewesen) ist ein reizendes, gut proportioniertes Bauwerk. Völlig anders in seinem Äusseren ist der kaum über die Dorfhäuser hervorragende, viereckig gedrungene Turm der Kirche von Ezinge in Groningen (oben rechts), im 13. Jahrhundert gebaut auf einer 'Wierde', einer kleinen Warft.

Le pays est si plat que villes et villages, généralement blottis à l'ombre des cimes majestueuses de très vieux arbres, semblent se succéder de façon quasi ininterrompue. De c paquets de verdure émerge toujou l'un ou l'autre clocher, comme à Middelbeers en Brabant (ci-dessus, gauche). Cette église, datant de la première moitié du XVe siècle, est pleine de charme en dépit de ses a parences modestes; dans cette région traditionnellement catholique, elle ne fut jamais occupée par une autre communauté religieuse. D'un tout autre forme est la tour massive et carrée de l'église d'Ezinge (Groningue), qui dépasse à peine des toits du village (ci-dessus, à droite). Ce sanctuaire du XIIIe siècle se dresse naturellement sur un petit tertre.

Toen in de 10de eeuw Noormannen voortdurend plundertochten hielden in het Nederlandse grondgebied namen de Utrechtse bisschoppen de wijk naar een veiliger gelegen stad: Deventer aan de IJssel. Daar gaf bisschop Bernulf omstreeks 1046 opdracht een basiliek te bouwen, die gewijd zou worden aan de heilige Lebuïnus. Deventer was toen al een belangrijke handelsstad, maar verloor naderhand met de andere IJsselsteden zijn vooraanstaande positie, toen handel en scheepvaart zich naar het westen verplaatsten. Maar nog altijd wordt het silhouet van de stad bepaald door diezelfde kerk (die ook hier na de reformatie overging in handen der protestanten) met zijn stoere toren. Door verwaarlozing, sloop en oorlogsgeweld is maar weinig behouden gebleven van het middeleeuwse Deventer. Het bovenste deel van de toren met zijn open koepel dateert van het begin der 17de eeuw en verving toen de eenvoudige, korte spits. Het carillon is van de klokkenspeler François Hemony en dateert van 1654.

In the Tenth Century, when Norman raids on the Netherlands became too persistent, the bishops of Utrecht decided to move to a more secure location at Deventer, on the River IJssel. Hence, Bishop Bernulf commissioned a new basilica in c.1046, to be dedicated to the holy Lebuïnus. At that stage, Deventer was an important trade centre. Later, however, with the other towns on the IJssel, it lost its position when commerce and shipping began to concentrate in the west of the country. The town's silhouette is still dominated by that same church (taken over by the Protestants after the Reformation), with its chunky tower. The upper part of the tower, with the open dome, dates from the beginning of the Seventeenth Century and replaces the original short, simple, pointed steeple. Little else survives of mediaeval Deventer after a history of neglect, demolition and war damage.

Als im 10. Jahrhundert die Normannen wiederholte Raubzüge auf holländischem Gebiet unternahmen, flüchteten die Bischöfe von Utrecht nach einer Stadt, die mehr Sicherheit versprach: Deventer an der IJssel. Bischof Bernulf gab dort um ungefähr 1046 den Auftrag zum Bau einer Basilika, die dem heiligen Lebuinus geweiht werden sollte. Zu jener Zeit war Deventer eine wichtige Handelsstadt, verlor jedoch später, als Handel und Schiffahrt in den Westen übersiedelten, zusammen mit den anderen Städten an der IJssel seine Schlüsselposition. Aber immer noch ist dieselbe Kirche mit ihrem beeindruckenden Turm der dominierende Faktor im Stadtbild. Auch sie ging zur Zeit der Reformation in die Hände der Protestanten über. Vom mittelalterlichen Deventer ist durch Verwahrlosung, Abbruch und Krieg leider wenig übriggeblieben. Der oberste Teil des Turmes mit seiner offenen Kuppel stammt aus dem Beginn des 17. Jahrhunderts, er ersetzte die frühere einfache, kurze Spitze. Das Glockenspiel im Turm ist durch den berühmten Glockengiesser François Hemony gefertigt und datiert aus 1654.

Au Xe siècle, alors que les Normands procédaient à d'incessantes incursions sur l'actuel territoire des Pays-Bas, les évêques d'Utrecht allèrent s'établir dans une cité plus sûre: Deventer sur l'IJsel. C'est là que, vers 1046, l'évêque Bernulf ordonna de construire une basilique en l'honneur de saint Lebuinus. Deventer était alors une ville prospère; elle perdit par la suite sa position dominante - de même d'ailleurs que d'autres cités commerçantes sur l'IJsel - lorsque les centres de commerce et de navigation se déplacèrent vers l'ouest. Négligences, démolitions et guerres ont malheureusement privé Deventer de la plupart de ses édifices médiévaux. La physionomie de la ville est cependant toujours dominée par cette église au clocher massif, qui passa elle aussi aux mains des protestants. La partie supérieure du clocher, avec sa coupole ouverte, a remplacé au début du XVIIe siècle, une flèche courte et toute simple. Le carillon, dû à François Hemony, date de 1654.

Nederlandse steden en dorpen

Het begrip stad kan in Nederland aanleiding geven tot misverstanden. Er zijn steden, die uit nauwelijks iets meer bestaan dan een gracht, een plein, een raadhuis, een kerk en wat huizen. Maar eens heeft in een ver verleden een adellijke heer de toenmalige bewoners, die hem een gunst hadden bewezen, het recht verleend hun dorp tot stad te verheffen. Er zijn ook grote plaatsen, die geen steden zijn, zoals 's-Gravenhage, nog wel de zetel van de regering, maar formeel altijd een dorp gebleven. Er zijn honderden schakeringen tussen beide uitersten en geen stad is gelijk aan de andere.

Dutch cities and villages

The designation 'town' can be confusing in the Netherlands. Some townships consist of scarcely more than a 'gracht', or canal; a square; a town hall a church; and a couple of houses. Such towns owe their status to the fact that they once rendered a service to some nobleman who, in return, granted t inhabitants a municipal charter. Conversely, there ar large conurbations like The Hague, which may be th seat of government but is still technically a village. Between these extremes, there are dozen of gradations.

Holländische Städte und Dörfer

Der Begriff 'Stadt', niederländisch interpretiert, kann die Ursache für Missverständnisse sein. Es gibt 'Städte', die sich aus kaum mehr als einer Gracht, einem Platz, einem Rathaus, einer Kirche und einer kleineren Ansammlung von Häusern zusammensetzen. Denn irgendwann einmal, im Nebel der Vergangenheit, hat ein Feudalherr den Bewohnern, weil diese ihm einen Dienst erwiesen haben, das Recht gegeben, ihr Dorf zu einer Stadt zu machen. Demgegenüber gibt es grosse Städte, die eigentlich gar keine sind: Den Haag, Regierungssitz der Niederlande, hat nie Stadtrechte bekommen und ist offiziell noch immer ein Dorf. Hunderte von Nuancen liegen zwischen diesen Extremen, und kein Ort gleicht dem anderen.

Les villes et les villages de la Hollande

Aux Pays-Bas, la notion de «ville» peut prêter à confusion. Certaines villes se composent seulement d'un fossé de fortification, d'une place, d'un hôtel de ville et de quelques rares maisons. C'est que, dans u passé lointain, quelques seigneurs ont voulu comble de leurs faveurs les habitants de certains villages en les élevant au rang de ville. Certaines grosses bourgades, au contraire, ne sont jamais devenues des villes: La Haye par exemple, qui est de surcroît siège du gouvernement, reste un village du point de vue formel. Entre ces deux extrêmes se situent des centaines de cas moins tranchés; et l'on peut dire qu'aucune ville n'est semblable à une autre.

Het aantal huizen is op de vingers van twee handen bijna te tellen, maar het is wel een echt dorp: Uitwierde in het Groningse land. Zulke miniatuurdorpen zijn er nog bij tientallen: ze zijn zichzelf gebleven, alle maatschappelijke veranderingen ten spijt. De kerk staat op het hoogste punt van de 'wierde' en dateert van 1839, maar de toren is veel ouder en moet er al hebben gestaan in 1275. Het rooms-katholieke kerkje uit de middeleeuwen is verdwenen, de pastoor is na de hervorming nooit teruggekeerd om plaats te maken voor de dominee. De boerderijen liggen in een nauwe kring om de kerk, half verscholen onder het geboomte. Uitwierde, een stip op de kaart, nauwelijks te vinden, maar een juweel van een dorp en een parel aan de kroon van Groningen.

Although the number of houses can nearly be counted on two hands, this is a very real village, named Uitwierde, in the province of Groningen. Miniature villages like this exist by the dozen; unaffected by all economic and social changes, they have remained as they always were. The church stands on the highest point of the 'wierde' mound and dates from 1839 but the tower is much older; it was probably there in 1275. It belonged to the mediaeval Roman Catholic church. The parish priest departed during the Reformation and did not come back afterwards, leaving the field to the Protestant minister. All the farms are sited in a narrow circle around the church, half buried among the trees. Looking at Uitwierde from above, we see a hamlet which is hardly marked on the map but is, nonetheless, a veritable jewel in the crown of Groningen.

Die Häuser kann man fast an zehn Fingern abzählen, aber es ist ein echtes Dorf: Uitwierde im Groninger Land. Es bestehen noch sehr viele Miniaturdörfer dieser Art: Sie sind unverändert geblieben, allen gesellschaftlichen Entwicklungen zum Trotz. Die Kirche steht auf dem höchsten Punkt der 'Wierde' (Warft) und stammt aus dem Jahre 1839, der Turm hingegen ist viel älter und ragte wahrscheinlich schon um 1275 in den Himmel. Die kleine katholische Kirche aus dem Mittelalter ist verschwunden, der Pastor ist nach der Reformation nie zurückgekehrt, um seinem protestantischen Kollegen Platz zu machen. Die alten Bauernhöfe liegen in einem engen Kreis um die Kirche herum, halb verborgen hinter prächtigen Bäumen. Uitwierde ist zwar nur ein Fleckchen auf der Landkarte und kaum zu finden - aber als Dorf ist es ein Juwel und für das Groninger Land eine Zierde.

Les maisons se comptent ici sur les dix doigts, mais il s'agit bien d'un village: Uitwierde, en Groningue. Les Pays-Bas renferment encore des dizaines de ces villages miniatures: ils sont restés semblables à eux-mêmes, en dépit de tous les bouleversements sociaux. L'église, construite au sommet du tertre (wierde), date de 1839, mais son clocher est beaucoup plus ancien: il remonterait à 1275. La petite église catholique médiévale a disparu; son curé n'est pas revenu après la Réforme; il a cédé la place au pasteur. Les fermes, à demi cachées par les frondaisons, forment un cercle serré autour de l'église. Uitwierde, ce point minuscule, est difficile à repérer sur une carte, mais c'est un véritable bijou, une perle de plus à la couronne de Groningue.

Doesburg aan de Gelderse IJssel, eens, in de middeleeuwen, handelsstad en gunstig gelegen aan de weg van de Zuiderzee naar het Duitse achterland. Het tracé van de omwalling uit de 17de eeuw, ter vervanging van de daarvoor bestaande stadsmuur, tekent zich van uit de lucht gezien nog duidelijk af. De toren van de (hervormde) Grote of St. Martinuskerk dateert vermoedelijk van 1430 en werd in de Tweede Wereldoorlog opgeblazen.

Doesburg on the Gelderland IJssel was, during the middle ages, an important mercantile city, conveniently situated on the trade route from the Zuider Zee to the German hinterland. From the air, the outline of the fortifications that replaced the earlier town wall is clearly visible. The steeple of the (now Protestant) Church of St. Martin, sometimes called the Great Church, was erected in c. 1430 and was badly shelled during the Second World War.

Doesburg, gelegen an der Gelderschen IJssel, war im Mittelalter eine Handelsstadt, weil seine Lage zwischen der Zuiderzee und dem deutschen Hinterland sehr günstig war. Die Trasse der Stadtbefestigung aus dem 17. Jahrhundert, welche die bis dahin bestehende Stadtmauer ersetzte, ist aus der Luft noch deutlich zu erkennen. Der Turm der grossen reformierten St. Martinus-Kirche stammt wahrscheinlich aus dem Jahre 1430 und wurde während des zweiten Weltkrieges zerstört.

Doesburg, cité de Gueldre sur l'IJsel, était au Moyen Age une ville marchande, avantageusement située sur la route menant du Zuiderzee à l'arrière-pays allemand. Cette photo aérienne montre clairement le tracé des remparts du XVIIe siècle, situés à l'emplacement des anciennes murailles. La tour de l'église (réformée) Saint-Martin, ou Grote Kerk, date probablement de 1430; elle fut détruite durant la deuxième guerre mondiale.

Het karakteristieke van het stadje Elburg, in de middeleeuwen een niet
onbelangrijke handelsstad, gelegen
aan de Zuiderzee, is zijn regelmatige,
rechthoekige stratenplan. De Vispoort, die van 1592 dateert, maakte
eens deel uit van de middeleeuwse
vestingmuur. Er is nu een visserij-
museum in gevestigd, want al heeft
Elburg nog een haventje, de zee is
verdwenen.

The most striking feature of Elburg
on the Veluwemeer is the regular,
square formation of its lay-out. During the Middle Ages. the town had
considerable importance as a trade
centre; the Fish Gate, built in 1592,
once formed part of the fortification
walls. It now houses a fishing museum because, despite the fact that
Elburg still has a little harbour, the
sea has receded.

Das Charakteristische des Städtchen
Elburg, im Mittelalter ein an der
Zuiderzee gelegener Handelsplatz, ist
sein symmetrisches, rechteckiges
Strassensystem. Die 'Vispoort' (Fisch-
tor) war einst ein Teil der Befestigungsmauer und ist aus dem Jahre
1592. Ausserdem gibt es hier noch
ein Fischereimuseum, und obwohl
das Meer hier schon lange nicht
mehr rauscht, besitzt Elburg noch
einen kleinen Hafen.

Elburg, petite ville commerçante située sur le Zuiderzee et qui eut son
heure de prospérité au Moyen Age,
se caractérise avant tout par son plan
régulier: ses rues se croisent à angle
droit. La Porte au Poisson (1592)
constituait jadis un élément des fortifications médiévales. Un musée de
la pêche y est aujourd'hui installé,
car, si Elburg possède toujours son
port, la mer, elle, a disparu.

Tal van steden uit de vroegere tijd hebben hun betekenis als centra van handel en scheepvaart verloren, zoals Hoorn (boven) aan het IJsselmeer, dat eens Amsterdam naar de kroon stak. Poorten, waaggebouwen, pakhuizen (links: het pakhuis De Vigilantiën te Alkmaar) bepalen ook nu nog de sfeer van vroeger. Vóór de Waag in Hoorn staat het standbeeld van Jan Pieterszoon Coen, grondlegger van het Nederlandse koloniale rijk in Zuidwest Azië, nu Indonesië.

Towns and cities that have lost their former glory as centres of trade are legion. Hoorn (above) on the IJsselmeer, even challenged Amsterdam. Today, only the statues, town gates, weighing houses and warehouses (left, the Vigilantiën warehouse in Alkmaar) survive as souvenirs of a past identity. Facing the weighing house at Hoorn stands a statue of Jan Pieterszoon Coen, founder of the Dutch colonial empire in southern Asia.

Viele, in früherer Zeit blühende Städte, haben ihre Bedeutung als Schiffahrts- und Handelszentrum verloren. Dieses Schicksal wurde auch dem Städtchen Hoorn am IJsselmeer zuteil (oben), das einst mit Amsterdam wetteiferte. Stadttore, alte Waagen und Lagerhäuser (links: das Lagerhaus 'De Vigilantien' in Alkmaar) sind sehr oft erhalten geblieben und vermitteln noch die authentische Atmosphäre der Vergangenheit.

Nombre de villes anciennes ont perdu leur prédominance comme centres de commerce et de navigation. C'est le cas de Hoorn (ci-dessus) sur l'IJselmeer, qui disputa jadis la prééminence à Amsterdam. Souvent bien conservés, les portes, poids publics et entrepôts restituent, de nos jours encore, un peu de l'atmosphère d'autrefois; ci-contre, le vieil entrepôt De Vigilantiën à Alkmaar.

Eén der schilderachtigste stadjes van Noordholland is Edam, eens een centrum van zeevaarders en walvisvaarders, maar de haven is verzand en de kooplieden zijn verdwenen. Midden in het stadje bevindt zich de tonvormige Damsluis, een stenen brug. Wie deze hindernis heeft getrotseerd staat tegenover het museum met zijn fraaie laat-gotische gevel. Behalve een verzameling van oudheden treft men er ook een 'drijvende' kelder aan, een bouwkundige curiositeit.

Edam remains one of North Holland's most evocative little towns. Once it thronged with sailors and whale hunters, but now the harbour has silted up and the merchants gone away. Right in the middle of the town is a barrel-shaped stone bridge, called the 'Damsluis'. Having overcome this not inconsiderable obstacle, the visitor then faces the museum with its fine, Late Gothic façade. Apart from a collection of antiquities, the museum also boasts a 'floating' cellar, an architectural curiosity.

Eines der malerischsten Städtchen der Provinz Nordholland ist Edam, in der Vergangenheit ein Mittelpunkt der Seefahrt und des Walfangs. Auch hier ist der Hafen schon lange versandet, und die Handelsherren sind im Nebel der Geschichte untergetaucht. Mitten im Zentrum befindet sich die fassförmige 'Damsluis', eine steinerne Brücke. Bemerkenswert sind das Antiquitäten-Kabinett und der 'treibende Keller', eine architektonische Kuriosität.

Edam est une des cités les plus pittoresques de Hollande septentrionale; jadis centre de navigation et de pêche à la baleine, cette petite ville a vu par la suite son port s'ensabler et son commerce dépérir. Au cœur de la cité se trouve le Damsluis, un pont de pierre au profil bombé. Cet obstacle franchi, le promeneur se retrouve face au musée d'Edam, dont la belle façade est de style gothique tardif. Outre une collection d'objets anciens, le visiteur peut y admirer une cave «flottante», véritable curiosité architecturale.

Aan de andere zijde van de Damsluis in Edam staat het uit 1737 daterende stadhuis, een sober, maar statig gebouw, versierd met een houten koepeltje. In de voormalige Schepenzaal, nu raadzaal, is het met bijbelse voorstellingen beschilderde behangsel van W. Rave uit 1738 behouden gebleven. In de burgemeesterskamer, die eens Vroedschapszaal was, treft men ruiterportretten aan van de stadhouders van Holland en Zeeland, de prinsen Maurits en Frederik Hendrik.

Edam Town Hall, dated 1737, is located on the other side of the Damsluis. It is a building of grave, yet simple dignity, embellished by a small wooden cupola. The council chamber, formerly the Aldermen's Room, has wall-panels depicting biblical scenes painted in 1738. Equestrian portraits of the stadthoulders of Holland and Zeeland, Prince Maurice and Prince Frederik Hendrik, adorn the room now used as the mayor's office, originally the municipal assembly chamber.

Auf der anderen Seite der 'Damsluis' von Edam liegt das aus dem Jahre 1737 stammende Rathaus, ein schlichtes, aber stattliches Gebäude mit einem hölzernen Turm. Im ehemaligen Schiffs-Saal, jetzt der Ratssaal, sind die Tapeten-Malereien von W. Rave aus dem Jahre 1738 zu bewundern, sie stellen biblische Motive dar und sind gut erhalten geblieben. Im Raum des Bürgermeisters, früher der Magistrats-Saal, befinden sich Reiter-Porträts der Statthalter von Holland und Zeeland, Prinz Maurits und Frederik Hendrik.

De l'autre côté du Damsluis se trouve l'hôtel de ville d'Edam, majestueux en dépit de sa sobriété; ce bâtiment de 1737 est surmonté d'une petite coupole en bois. L'ancienne salle des échevins, aujourd'hui salle du conseil, conserve toujours sa décoration originale: des scenes bibliques peintes en 1738 par W. Rave. Le cabinet du bourgmestre, anciennement salle des Sages, renferme les portraits équestres des gouverneurs de Hollande et de Zélande, les princes Maurice et Frédéric-Henri de Nassau.

Twee steden: Amsterdam (links) en Sloten (rechts) in Friesland. Twee grachten ook, maar Amsterdam heeft er tientallen en Sloten maar één. Toch wordt in beide gevallen de sfeer bepaald door het water, de bomen, de huizen, de bruggen. De rust, die de aanblik van de Herengracht in Amsterdam uitstraalt, is bedriegelijk: zo ziet de gracht er alleen uit op een vroege zomerse zondagochtend zonder verkeer. In Sloten is de rust echt.

Canalside trees, elaborately-gabled houses and sturdy ironwork are characteristic of Dutch cities, large or small. Even as far apart as Amsterdam (left) and Sloten in Friesland (above) the essential atmosphere is the same. In Amsterdam, however, the quiet prospect of the Herengracht is deceptive; it looks like this only on an early Sunday morning in summer, without traffic. As for Sloten, its peace and calm are genuine.

Zwei Städte: Amsterdam (links) und das Städtchen Sloten in Friesland (rechts), und ausserdem zwei Grachten. Allerdings hat Amsterdam unzählige davon und Sloten nur eine. In beiden Fällen jedoch wird die Stimmung durch Wasser, Bäume, Häuser und Brücken beherrscht. Die Ruhe, die das Bild der Herengracht in Amsterdam ausstrahlt, ist trügerisch: so sieht die Gracht nur an einem frühen, sommerlichen Sonntagmorgen aus, wenn noch kein Verkehr pulsiert. Dafür ist die Ruhe auf dem Bild von Sloten absolut echt.

Deux villes: Amsterdam (à gauche) et Sloten en Frise (ci-dessus). Deux canaux aussi, à ceci près qu'Amsterdam en compte des dizaines, mais que Sloten n'en a qu'un seul. Dans ces deux cités également, l'atmosphère elle-même est déterminée par l'eau, les arbres, les maisons, les ponts. La sérénité qui émane de ce coin du Herengracht à Amsterdam est trompeuse: le canal n'apparaît ainsi qu'au tout début de l'été, par un dimanche matin sans trafic. A Sloten, par contre, le calme est bien réel.

Amsterdam bij winterdag: een grauwe lucht, licht besneeuwde daken. Op de voorgrond schepen in de Kromme Waal, op de achtergrond, in het midden, de toren van de Oude Kerk, eens het centrum van de middeleeuwse stad, rechts daarvan de vierkante toren van Berlages beurs en aan de andere kant de koepel van het koninklijk paleis, eens het trotse stadhuis van de stad. Voor het overige een ogenschijnlijk planologisch ongeordende buurt van stegen, grachten, pleinen, straatjes. Kortom: Amsterdam.

The winter face of Amsterdam's Kromme Waal canal, in the oldest part of the inner city. Space here is at a premium; working barges and tugs crowd in to moorings as cramped as the car-parking slots on the quay above. The houses and blocks, too, seem touched by the same haphazard quality; alleys and byways form a narrow, intimate maze presided over by the towering steeple of the Oude Kerk and, to the right, the square tower of the stock exchange on the Damrak. The dome on the left belongs to the royal palace, once the city town hall.

Eine der vielen pittoresken Grachten Amsterdams: Die 'Kromme Waal' im ältesten Teil der Innenstadt. Oben: An einem winterlichen Nachmittag, grauer Himmel, verschneite Dächer, ein Labyrinth von alten Häusern, durchzogen von Strässchen und Gassen. Im Hintergrund die Silhouette des Turmes der 'Oude Kerk' (alte Kirche), rechts der viereckige Turm der Börse am Damrak, links der kuppelförmige Turm des königlichen Palastes, der früher das Rathaus der Stadt gewesen ist.

Premier regard sur une ville, un canal: Amsterdam, le Kromme Waal dans la vieille ville. Ci-dessus: par après-midi d'hiver, sous un ciel gri les toits enneigés dessinent un qua tier apparemment chaotique aux multiples ruelles et culs-de-sac; à l'arrière-plan se profile la flèche de vieille église ou Oude Kerk avec, à droite, la tour carrée de la Bourse s le Damrak et, à gauche, la coupole palais royal, l'ancien hôtel de ville d'Amsterdam.

Dezelfde stad, dezelfde gracht, dezelfde Kromme Waal in hetzelfde Amsterdam als hiernaast, maar nu niet van boven af gezien. De winter is voorbij, het voorjaar kondigt zich aan met een zachte waas over de bomen. De meeste huizen zijn kantoren, maar er zijn altijd nog woonboten, die ook als het volgens de voorschriften strikt genomen niet mag in de grachten een ligplaats vinden. Als een schip voorbijgaat deint de vloer van de woonkamer even. Je went er gauw aan.

Another approach to the Kromme Waal in Amsterdam, this time from lower down, shows its more residential aspect. Most of the houses are offices but, for living space, there are plenty of houseboats that have managed to find a canal mooring - even if they should not always be there according to regulations. These are the modern, purposebuilt, concrete houseboats, identical to a normal house in all but the watery foundations. The majority of houseboats are converted barges, of every shape, age, size, and description. Life on such vessels tends to be a little cold in winter, over-warm in summer, and the living room floor tilts somewhat when working boats pass, but as a solution to the city housing problem in the world's most overcrowded country, they are ideal.

Dieselbe Stadt, dieselbe Gracht: Wieder die 'Kromme Waal' in Amsterdam, jetzt aus einer anderen Perspektive. Der Winter ist vorbei, und der Frühling kündigt sich mit einem zarten Nebel über den Bäumen an. Die meisten Häuser sind Bürogebäude, und auf dem Wasser liegen viele Wohnboote, die - wenn es genau nach den Vorschriften ginge - gar nicht auf den Grachten ankern dürfen. Wenn ein Schiff vorüberfährt, wiegt das Wohnzimmer in der Dünung. Aber auch das ist Gewohnheitssache.

La même ville, le même canal: le même Kromme Waal au cœur d'Amsterdam, mais vu d'en-bas cette fois. L'hiver est fini, le printemps marque son apparition en parant les arbres de fleurs délicates. La plupart des maisons du quai renferment des bureaux et les péniches sont habitées. Si l'on prenait les instructions à la lettre, elles ne trouvenaient pas un bout de quai où s'amarrer. Chaque fois qu'un bateau passe, l'habitation flottante se met à danser. Mais l'on s'y habitue très bien!

De grote stad (links: Amsterdam, Keizersgracht, hoek Reguliersgracht) en het kleine brinkdorp Anloo in Drente (rechts) hebben oppervlakkig gezien weinig gemeen, maar steden en dorpen in Nederland zijn ondenkbaar zonder hun bomen. De stad zou kaal en onleefbaar zijn zonder de wuivende kruinen van de iepen langs de grachten, het dorp zou zijn charme verliezen zonder de statige eiken en populieren op het kerkplein.

Trees convey a natural calm to city and village alike, all over Holland. Bereft of the swaying elms that line the canals, Amsterdam (left, corner of Keizersgracht and Reguliersgracht) would seem bare and inhospitable, while the little village of Anloo, in Drente (above) would lose most of its charm without the dignified elms and poplars surrounding the church.

Die grosse Stadt (links: Amsterdam, Keizersgracht/Ecke Reguliersgracht) und das kleine Dörfchen Anloo in Drente (rechts) haben, oberflächlich betrachtet, wenig gemeinsam. Doch beide wären undenkbar ohne ihre Bäume. Amsterdam wäre kahl und unpersönlich ohne die wogenden Wipfel der Ulmen entlang den Grachten, und das Dorf Anloo, ohne die stattlichen Eichen und Pappeln auf dem Kirchplatz, würde viel von seinem Charme verlieren.

La grande ville (à gauche, Amsterdam, le Keizersgracht au coin du Reguliersgracht) et le petit village d'Anloo en Drenthe (ci-dessus) n'ont apparemment rien en commun, mais aux Pays-Bas villes et villages seraient inimaginables sans leurs arbres. La ville serait nue et invivable sans les ormes à la cime ondoyante de ses quais; le village perdrait tout son charme sans les peupliers et les chènes majestueux qui font toute la beauté de la place de l'église.

Het water is overal, ook al wisselt het decor soms sterk. Boven links het Zeeuwse stadje Dreischor, daarnaast Amsterdam, de Oude Zijds Kolk, het sekscentrum van de hoofdstad, de kerk op de achtergrond ten spijt. En rechts Giethoorn in Overijssel, het boerendorp, waar alle transport vrijwel nog via het water gaat. De hygiëne laat onder deze primitieve omstandigheden soms wel iets te wensen, maar wie daar op let is een kniesoor.

Waterways are a constant feature of Dutch scenery, although their settings may differ dramatically. The small town of Dreischor in Zeeland (above left) offers a sharp contrast to the Oude Zijds Kolk in Amsterdam (above right). The church in the background provides a touch of irony; this is the heart of the famous 'red light' area, home of the city's sex industry. Giethoorn in Overijssel (right) is a farming village renowned for the fact that nearly all transport there still depends on the water. And for those who do not mind primitive hygiene, the water is clean enough to wash up in - a rare privilege in modern Europe.

Überall ist das Wasser, nur die Kulisse wechselt ab und zu. Oben links das seeländische Städtchen Dreischor, daneben der 'Oude Zijds Kolk' in Amsterdam, trotz Kirche im Hintergrund der Eros-Distrikt der Hauptstadt. Rechts das Bauerndorf Giethoorn in der Provinz Overijssel, in dem fast aller Verkehr auf dem Wasserwege abgewickelt wird. Die hygienischen Verhältnisse lassen hier zwar manchmal zu wünschen übrig, aber nur Pedanten werden dieser Tatsache grössere Aufmerksamkeit zollen.

L'eau est partout présente, quel que soit le paysage. Ci-dessus, à gauche la petite ville zélandaise de Dreischo et, à droite, l'Oude Zijds Kolk, quartier «chaud» d'Amsterdam derrière lequel se profile, assez ironiquemer la flèche d'une église. Ci-contre, Giethoorn dans l'Overijsel, un villag agricole où tous les transports se font obligatoirement par eau. L'hygiène laisse parfois à désirer dans ces conditions de vie primitives, ma quiconque soulèverait cette questio serait considéré comme un empêcheur de tourner en rond.

Het water is overal. In sloten, kanalen, rivieren, plassen, in steden en
dorpen, in toom gehouden door dijken en kademuren en steeds bewaakt
door een legertje mannen, in dienst
van honderden polderbesturen. Want
de waterbeheersing is een zaak van
nimmer aflatend toezicht. Die be-
heersing geschiedt voor een groot
deel door middel van een systeem
van sluizen en sluisjes, die op tijd
geopend of gesloten moeten worden. Bovendien zijn er talloze schutsluizen terwille van de scheepvaart.
Sommige schutsluizen, zoals die in
de Amstel in Amsterdam, staan vrijwel altijd open...

All over the Netherlands, water control is a matter of ceaseless vigilance.
A small army of specialists is em-
ployed by hundreds of local polder
authorities to guard and maintain
dykes, quays, locks and embankments. The kingpin of the system is
the lock, an arrangement of gates
that can maintain or adjust water levels by opening and shutting, and
also allow passage of boats from one
level to the next. Countless locks,
combined with sluices and dams,
operate at set times in every corner
of the land. Some, like those on the
Amstel in Amsterdam (above) appear
open nearly all the time.

Und noch einmal: Wasser, Wasser,
Wasser, wo man auch hinsieht - in
Gräben, Kanälen, Flüssen, Seen, in
Städten und Dörfern, unter Kontrolle
gehalten durch Deiche und Hafen-
mauern und ständig bewacht durch
Männer von unzähligen Wasserge-
nossenschaften. Denn Wasserkontrolle ist lebenswichtig in Holland.
Ein wichtiger Bestandteil dieser
Kontrolle sind die vielen grossen und
kleinen Schleusen, die pünktlich geschlossen oder geöffnet werden
müssen. Ausserdem gibt es viele
Kammerschleusen für die Schiffahrt.
Einige dieser Kammerschleusen
bleiben immer geöffnet (z.B. in der
Amstel in Amsterdam), werden jedoch auf der Seite der Stadt abends
geschlossen und nur auf der IJssel-
meer-Seite geöffnet gelassen.

L'eau est partout présente: canaux
rivières, lacs, étangs... elle abonde
même au cœur des villes et des villages. Tenue en respect par des digues et des murs de soutènement,
elle reste sous la garde constante
d'une petite armée d'hommes, au
service de centaines d'organismes
gérant les polders. La maîtrise des
eaux exige en effet une vigilance
sans relâche. Elle est pour une bon
part rendue possible grâce à un sys
tème d'écluses qui doivent être
ouvertes ou fermées en temps utile
Il existe en outre d'innombrables
écluses à sas au service de la navigation. Certaines de ces écluces,
comme celles de l'Amstel à Amsterdam, sont pratiquement toujou
ouvertes; on les ferme cependant à
la tombée de la nuit, sauf du côté d
l'IJ.

...maar valt de avond dan worden ze gesloten, terwijl ze aan de IJkant geopend blijven. Er wordt dan water uit het IJsselmeer binnengelaten, dat de grachtengordel van de binnenstad schoonspoelt en via het Noordzeekanaal weer op zee wordt gespuid. Is het verval echter constant vrij groot, dan moeten de sluizen wel gesloten blijven, tenzij er een schip moet passeren, zoals in Hindeloopen, Friesland (rechts).

At night, however, the doors on the town side close, while the floodgates from the IJ are opened. Water from the IJsselmeer streams in, flushing the tainted waters of the canal belt via the North Sea Canal to the sea. From time to time, extreme level differences prevent this and the locks remain closed unless a ship requires passage.

Aus dem IJsselmeer wird dann frisches Wasser in den Grachtengürtel der Stadt geführt, und nachdem das Wasser erneuert ist, wird das Verbrauchte durch den Nordsee-Kanal wieder ins Meer geschleust. Wenn die Wasserqualität längere Zeit schlecht bleibt, bleiben die Schleusen geschlossen, es sei denn, ein Schiff muss passieren, wie in Hindeloopen, Friesland (rechts).

L'eau arrivant de l'IJselmeer pénètre alors dans la cité et nettoie la ceinture de canaux entourant la vieille ville avant de rejoindre la mer par le canal de la mer du Nord (Noordzeekanaal). Si la différence de niveau, pourtant constante, devient vraiment trop forte, les écluses doivent alors être fermées, sauf pour laisser passer les bateaux, comme c'est le cas à Hindeloopen, en Frise (à droite).

Het kleine eiland Marken in de voor-malige Zuiderzee is nog altijd een der grootste trekpleisters van het toeris-me om de schilderachtige kleder-dracht en de merkwaardige huizen-bouw. Om niet door het water ver-rast te worden stonden alle huizen vroeger op palen. Dat hoeft nu niet meer, maar de bouwwijze is er nauwelijks door veranderd: de huis-deur blijft op de eerste verdieping.

Marken, a small peninsula in the IJs-selmeer, is one of the country's greatest tourist attractions, due in part to the curious and elaborate na-tional costume, which is still worn, and also to the characteristic ar-chitecture. In former times, the houses were built on stilts so that they were safe from sudden flood-ing. Although there is no longer any danger, the style of building has re-mained, and the front door is still on the first floor.

Die kleine Insel Marken in der ehe-maligen Zuiderzee ist wegen ihrer eigenwilligen Häuserarchitektur und ihrer Kleidertrachten einer der bevor-zugtesten Touristenorte. Um gegen Sturmfluten gewappnet zu sein, hat man früher alle Häuser auf Pfähle gebaut. Diese Gefahr ist heute ge-bannt, aber die Bauweise hat sich kaum verändert: Die Haustüren sind noch immer im ersten Stock.

La petite île de Marken, dans l'ancie Zuiderzee, reste un des grands pôle d'attraction du tourisme en raison d ses costumes folkloriques et de ses habitations caractéristiques. Toutes les maisons étaient autrefois cons-truites sur pilotis afin d'éviter une inondation par surprise. Cette pré-caution est aujourd'hui inutile, mais le style architectural n'en a pas pour autant été modifié: la porte d'entrée reste au premier étage.

Toen de Zuiderzee IJsselmeer werd, voorspelde iedereen, dat het met de visserij voorgoed gedaan zou zijn. Dat viel later wel mee, bovendien hoeft een vissersman niet dicht bij huis te blijven. De vissers van het voormalige eiland Urk hebben hun vloot al lang aangepast en je vindt ze overal. Maar 's zondags ligt de vloot in de haven, want de zondagsrust wordt hier streng gehandhaafd.

When the salt Zuider Zee became the freshwater IJsselmeer, many people predicted that the days of fishing were over. They underestimated the fishermen. Many boats took to fishing for freshwater species: highly prized eels, the tasty tench so beloved by the German palate, and the delicious pikeperch, an exotic invader in the last hundred years. Furthermore, the modern fishermen need not stay close to home. The fishing community of the former island of Urk have long since adapted their fleet to remain in profitable business on both domestic and distant waters - except on Sundays, when the traditional day of rest is still observed with uncompromising piety.

Als die Zuiderzee nach ihrem Abschluss das IJsselmeer wurde, war man sehr pessimistisch über die Zukunftsaussichten der Fischerei. Nach einer Weile jedoch erkannte man, dass diese Furcht unbegründet war, denn die Fischer verliessen ihre alten Fanggründe und operierten in einem grösseren Radius. Auch die Fischer der ehemaligen Insel Urk findet man heute auf der ganzen Nordsee. Sonntags allerdings liegt die Flotte im Hafen, denn der Sonntag in Urk ist sehr heilig.

Lorsque le Zuiderzee devint l'IJsselmeer, tout le monde crut que la pêche y avait fait son temps. Cela fut par la suite beaucoup moins difficile qu'on ne le pensait; en outre, un pêcheur ne doit pas nécessairement rester près de sa maison. Les pêcheurs de l'ancienne île d'Urk ont su s'adapter depuis longtemps aux événements, et on les trouve partout. Mais le dimanche, la flotte reste au port, car le repos dominical est ici sérieusement respecté.

Een dorp en een stad, maar vergis u niet: het dorp is 's Gravenhage, residentie van de koningin en regeringscentrum met als oudste centrum de middeleeuwse Ridderzaal (links), gebouwd onder graaf Floris V (1256-1296). Ieder jaar, op de derde dinsdag in september, opent de koningin hier het nieuwe parlementsjaar. Het stadje is Elburg (boven), in Gelderland, aan de voormalige Zuiderzeekust, reeds lid van de machtige Hanzebond in de 14de eeuw, toen 's Gravenhage nog niets voorstelde.

A village and a town - but the obvious conclusion is the wrong one: 's-Gravenhage, the seat of Government and official residence of the Queen, is the village. Its first established centre was the mediaeval Ridderzaal, or Knights' Hall (left), built by Count Floris V (1256-1296). Elburg (above) is in Gelderland on the coast of the IJsselmeer. As early as the Fourteenth Century, when 's-Gravenhage was still quite insignificant, the town of Elburg was a fully fledged member of the powerful Hanseatic League of mercantile towns.

Wieder ein Dorf und eine Stadt, aber Vorsicht mit voreiligen Rückschlüssen: Denn das Dorf heisst Den Haag, und ist Regierungssitz und die Residenz der Königin. In dem mittelalterlichen Rittersaal (links), der unter Graf Floris V. (1256-1296) erbaut wurde, eröffnet die Königin jedes Jahr, am 3. Diensttag im September, das neue Parlamentsjahr. Die Stadt heisst Elburg und liegt in der Provinz Gelderland an der ehemaligen Küste der Zuiderzee. Sie war schon im 14. Jahrhundert Mitglied der Hanse, zu einer Zeit, in der Den Haag noch ziemlich unbedeutend war.

Un village et une ville, mais ne vous y trompez pas: le village, c'est La Haye, résidence de la reine et siège du gouvernement. Le plus vieux bâtiment est la Ridderzaal ou salle des chevaliers (à gauche), construite au Moyen Age sous le comte Floris V (1256-1296). Chaque année, le troisième mardi de septembre, la reine inaugure ici la session annuelle du parlement. La petite ville est Elburg, en Gueldre (ci-dessus); située au bord de l'ancien Zuiderzee, cette cité faisait partie de la puissante Ligue hanséatique au XIVe siècle, alors que La Haye ne représentait encore rien.

Middelburg (boven), de hoofdstad van de provincie Zeeland, is een zeer oude nederzetting, vermoedelijk reeds in de Karolingische tijd gesticht op een heuvel. Het oude stadscentrum is op de luchtfoto nog duidelijk te herkennen. In de Tweede Wereldoorlog werd de binnenstad door bombardementen zwaar beschadigd (mei 1940). De stad beleefde haar grootste bloei na de val van Antwerpen en is thans het bestuurlijke centrum van Nederlands waterrijkste provincie.

Amerongen (rechts) aan de Lekdijk in Gelderland, is een rustig en deftig dorp, dat zijn faam ontleent aan het nabij gelegen Huis Amerongen met zijn uitgestrekte tuinen. Koning Lodewijk XIV van Frankrijk heeft er tijdelijk gewoond in 1672 en een andere hoge gast was er in 1918 de laatste Duitse keizer, Wilhelm II. Godard van Reede, die er in de 17de eeuw woonde, werd door koning Willem III van Engeland verheven tot graaf van Athlone.

Middelburg (above) was established in the Eighth or Ninth Century; the old town centre, built on a hill, is still clear from the air. The city reached its peak of prosperity after the commercial decline of Antwerp in the mid-Seventeenth Century, was severely bombed in the Second World War, and is now the capital of Zeeland.

Amerongen (right) on the Lek Dyke in Gelderland, is a stately, peaceful township, chiefly celebrated for the nearby mansion of Huis Amerongen and its extensive gardens. Louis XIV of France lived there briefly in 1672 and the last German Emperor, Wilhelm II, stayed there in 1918. Its Seventeenth Century owner, Godard van Reede, was elevated to Earl of Athlone by William III of Orange, King of England.

Middelburg (oben), die Hauptstadt der Provinz Zeeland, ist eine sehr alte Stadt, die wahrscheinlich schon in karolingischer Zeit auf einem Hügel erbaut wurde. Auf dem Foto kann man das alte Stadtzentrum noch deutlich erkennen. Im zweiten Weltkrieg wurde die Innenstadt durch Luftangriffe schwer beschädigt (Mai 1940). Die grösste Blütezeit erlebte die Stadt nach dem Niedergang von Antwerpen und ist heute ausserdem das Verwaltungszentrum Hollands wasserreichster Provinz.

Amerongen (rechts), gelegen am Lekdeich in Gelderland, ist ein stilles und vornehmes Dorf, berühmt geworden durch das in der Nähe liegende 'Haus Amerongen' mit seinen grossen, schönen Gärten. König Ludwig XIV. von Frankreich hat hier zeitweilig gewohnt, ein anderer hoher Gast war der letzte Deutsche Kaiser, Wilhelm II., der 1918 hier zu Besuch war. Godard van Reede, der das Haus im 17. Jahrhundert bewohnte, wurde von König Wilhelm III. von England zum Graf von Athlone gemacht.

L'origine de Middelbourg (ci-dess. la capitale de la Zélande, remonte des temps très reculés; elle aurait probablement été fondée sur une colline par les Carolingiens. Cette photo aérienne permet de disting. clairement l'ancien cœur de la vill. Le centre de Middelbourg fut fortement éprouvé par des bombard. ments au début de la seconde gue. mondiale (mai 1940). La cité, qui connut son heure de gloire après déchéance d'Anvers, est aujourd'l. le chef-lieu de la plus maritime de. provinces néerlandaises.

Amerongen (ci-contre), un village digne et paisible situé sur le Lek, e Gueldre, tire sa célébrité de la Maison Amerongen (Huis Ameron gen) toute proche avec ses jardins étendus. Louis XIV y a séjourné er 1672, et elle accueillit en 1918 le dernier empereur germanique, Guillaume II. Godard van Reede, c l'habita au XVIIe siècle, fut élevé a titre de comte d'Athlone par le roi d'Angleterre Guillaume III.

Molens

De wind waait voor niets en het waait altijd in dit vlakke land. Wind is de goedkoopste krachtbron, de kunst is slechts haar op de juiste wijze aan te wenden. Vanaf de vroegste middeleeuwen hebben de Nederlanders windmolens gebouwd, molens om het graan te malen, molens om boomstammen tot planken te zagen, molens vooral om het water op te malen uit de poldersloten teneinde het lage, drassige land droog te houden. Ze stonden eens op de muren, op de bolwerken, op kunstmatige hoogten, langs de rivieren, op de dijken. En ze staan er nog, al is hun aantal verminderd, hoewel veertienhonderd molens nog altijd een respectabel aantal is. De stoommachine eerst, de dieselmotor daarna, de elektrische motor nu hebben de taak van de maaiende wieken overgenomen en duizenden molens zijn als overbodige hinderpalen ontijdig onder slopershanden gevallen. Het kleine aantal dat behouden is gebleven is waard zorgvuldig te behoeden, niet alleen uit nostalgische overwegingen: de wind waait voor niets, ook nu nog, ja, vooral nu.

Windmills

Consistent winds over a flat country have been a cheap energy source for the Netherlands since the early middle ages. The world-famous windmills pumped and raised water, ground corn, and even sawed planks, until electricity and the internal combustion engine superceded them. Some fourteen hundred windmills survive today, valuable scenic and historical monuments, as well as repositories of knowledge that may prove all too useful in the near future.

Windmühlen

Wind kostet nichts, und er weht immer in Holland. Damit ist Wind eine ideale Energiequelle, wenn man diese Energie richtig nutzt. Die Kunst des 'Windeinfangens' hat in den Niederlanden eine grosse Tradition. Seit dem Frühesten Mittelalter wurden hier Windmühlen gebaut, die verschiedene Funktionen zu erfüllen hatten: Kornmühlen, Sägemühlen und Wassermühlen.
Die Wassermühle hatte eine besonders wichtige Aufgabe: Sie legte das flache, morastige Land trocken. Früher standen die Windmühlen überall: auf Stadtmauern und Bollwerken, auf künstlichen Hügeln, entlang den Flüssen und auf Deichen. Auch heute noch besitzt Holland viele Windmühlen, ein 'Rest' von 1.400 Exemplaren ist immerhin noch eine beeindruckende Zahl. Als die Windmühle durch die Dampfmaschine und danach durch Diesel- und Elektromotor verdrängt wurde, wurden tausende als überflüssig abgestempelt und abgerissen. Was übriggeblieben ist, sollte sorgfältig erhalten werden, nicht nur aus nostalgischen Gründen. Der Wind weht nämlich noch immer, und noch immer kostenlos. Und wer weiss, vielleicht steht uns die wirkliche Blütezeit der Windmühle noch bevor!

Les moulins

Gratuit, le vent souffle en permanence sur ce plat pays. Le vent est la source d'énergie la moins chère et tout l'art consiste à l'employer au mieux. Les Néerlandais construisent des moulins depuis le haut Moyen Age: pour moudre le grain, pour scier le bois et surtout pour évacuer l'eau afin d'assécher les terres marécageuses des polders. On en trouvait autrefois sur les murailles, sur les remparts, sur des hauteurs artificielles, le long des cours d'eau, sur les digues. Bien que leur nombre aille décroissant, on en compte encore 1400 dans le pays. La machine à vapeur, le moteur diesel ensuite, et maintenant le moteur électrique, ont pris le relais des ailes tournoyantes, et des milliers de moulins, considérés comme autant d'obstacles gênants, sont malheureusement tombés sous les coups des démolisseurs. Ceux que l'on a conservés doivent être très soigneusement protégés, et pas seulement par nostalgie du passé: le vent souffle gratuitement, aujourd'hui encore, oui, surtout aujourd'hui.

Drie stoere watermolens in de omgeving van het dorp Stompwijk ten zuiden van de stad Leiden. Ze zien er goed onderhouden uit en dat is geen gezichtsbedrog, want het zijn monumenten. Eens hielden ze in een zg. driegang het waterpeil van de omringende polders op de juiste hoogte, maar ze staan er nu al jaren werkeloos bij, want motorgemalen hebben hun taak overgenomen. Nog werkende watermolens zijn er wel, maar ze zijn sporadisch geworden: de exploitatie is te duur.

A trio of sturdy windmills, kept in perfect condition as registered monuments, preside over the polders near Stompwijk, a village south of Leiden. Mills once used to maintain water levels often stand in groups, for each one was capable of lifting the water only a couple of metres. One can deduce, therefore, that Stompwijk's polder needed a five or six-metre adjustment at this point.

Drei stämmige Wassermühlen in der Umgebung des Dorfes Stompwijk, südlich von Leiden. Sie sehen sehr gepflegt aus, und das ist auch in Wirklichkeit so, denn alle stehen unter Denkmalschutz. Die drei hielten früher den Wasserstand der umliegenden Polder auf der richtigen Höhe, zur Zeit sind sie arbeitslos, weil Maschinen ihre Aufgabe übernommen haben. Hin und wieder begegnet man noch funktionierenden Wassermühlen, leider aber selten, weil die Unterhaltskosten zu hoch geworden sind.

Trois robustes moulins des environs de Stompwijk, au sud de Leyde. Ils semblent bien conservés, et il ne s'agit pas là d'une illusion d'optique: ce sont des monuments classés. A eux trois, ils servaient autrefois à maintenir le niveau d'eau des polders environnants à sa bonne hauteur; des stations de pompage motorisées ayant pris leur place, ils sont maintenant inactifs depuis des années. Il existe encore des moulins en activité, mais ils sont devenus rares, car leur exploitation coûte trop cher.

In het noordelijke Groningen met zijn vele polders staan nu nog ongeveer tachtig molens. Links de fraaie molen 't Witte Lam bij Zuidwolde, een molen van geheel andere allure dan de stenen stellingmolen De Hoop bij Loenen aan de Vecht, hier (boven) gefotografeerd in een winters decor van berijpte boomtakken.

Both polders and rivers still have their share of windmills. At left, among the extensive polders that it helped create, near Groningen in the north, the splendid ''t Witte Lam' (the White Lamb) is one of some eighty mills left in the province. Farther south, the scaffolded stone mill 'De Hoop' (Hope) is part of the picturesque scenery that flanks the winding River Vecht, near Loenen.

Im nördlichen Groningen, wo es viele Polder gibt, stehen gegenwärtig noch 80 Windmühlen. Links die hübsche Mühle ''t witte Lam' bei Zuidwolde, eine Mühle mit ganz anderer Charakteristik als die steinerne Mühle 'De Hoop' bei Loenen an der Vecht, die hier vor einer winterlichen Kulisse mit reifbedeckten Bäumen fotografiert wurde (oben).

La Groningue septentrionale, avec ses nombreux polders, compte aujourd'hui encore 80 moulins environ. Ci-contre, le joli moulin 't Witte Lam («L'Agneau blanc») près de Zuidwolde, qui a une tout autre allure que le moulin fortifié en pierre De Hoop («L'Espoir»), près de Loenen sur le Vecht (ci-dessus). Ce dernier est ici photographié l'hiver, dans un décor d'arbres givrés.

Het mooiste molenbestand van vandaag treft men aan in de streek benoorden Dordrecht, langs de Kinderdijk in de Alblasserwaard (boven en rechts): er staan er nog 19 vlak bij elkaar, rustige en romantische objecten voor fotografen en schilders. Molens, water, riet, wolken en wind - het landschap kan moeilijk méér Nederlands zijn.

De Kinderdijk ontleent zijn naam aan een beminnelijke legende: na de St. Elisabethsvloed van 1421 zou hier een wiegje zijn aangespoeld met een kind, een der weinige overlevenden van de ramp. De legende verhaalt zelfs nog, dat dit kind - een meisje - de stammoeder zou zijn van het uitgeversgeslacht Elsevier.

The finest concentration of windmills is found north of Dordrecht, along the Kinderdijk (Children's Dyke) in the Alblasserwaard region (above and right). The entire family of nineteen stand close together, a peaceful and romantic prospect for photographers and painters. The name 'Kinderdijk' has its origins in a charming legend. Tradition has it that after the calamitous St. Elizabeth Day flood of 1421 (see also page 90), a small cradle washed ashore with a baby - one of the few survivors of the disaster - inside. After that, the story claims, this child, a girl, became the founder of the Elsevier family of publishers.

Die schönste 'Mühlensammlung' findet man in der Region Alblasserwaard, entlang dem 'Kinderdijk' (Kinderdeich), nördlich von Dordrecht (oben und rechts): 19 Mühlen stehen hier dicht beieinander, ein sehr romantischer Anblick und ein ideales Objekt für Maler und Fotografen. Mühlen, Wasser, Schilfe, Wolken und Wind - ein Synonym für das holländische Landschaftsbild. Der 'Kinderdijk' entlehnt seinen Namen einer Legende: Nach der Elisabethsflut im Jahre 1421 soll hier ein Kind in einer Wiege angespült worden sein, welches als einer der wenigen Menschen die Katastrophe überlebte. Die Geschichte überliefert ausserdem, dass dieses Kind - ein Mädchen - die Ahnin der Verlegerdynastie Elsevier gewesen sein soll.

C'est au nord de Dordrecht, le long de la Kinderdijk («Digue de l'Enfant»), dans l'Ablasserwaard, que l'on rencontre aujourd'hui le plus bel ensemble de moulins: on en dénombre encore 19 côte à côte, et ce spectacle paisible et romantique fait bien sûr la joie des photographes et des peintres. Des moulins, de l'eau, des roseaux, des nuages et du vent - le paysage pourrait difficilement être plus hollandais!
La Kinderdijk tire son nom d'une charmante légende: l'inondation de la Sainte-Elisabeth en 1421 amena sur la rive un berceau contenant un enfant, un des rares rescapés de la catastrophe. La légende raconte encore que ce bébé - une fille - serait l'ancêtre de la famille Elsevier, célèbre dans le monde de l'édition.

Maar er is meer dan water...

Er is meer dan water alleen in Nederland. Er zijn uitgestrekte gebieden, vooral in het oosten en zuiden des lands, waar nauwelijks een druppel water te vinden is - ogenschijnlijk althans. Maar het woeste land van vroeger is vrijwel overal in cultuur gebracht: de heidevelden in Drente, de veengebieden In Overijssel en Limburg, de zandgronden van Noordbrabant met hun talrijke dorpjes (rechts), verscholen in het groen. En er zijn zelfs uitgestrekte bossen waar een wandelaar met een beetje geluk zelfs kan verdwalen, bossen met herten, reeën, wilde zwijnen. Het water is overal, maar er is meer dan water alleen.

But there is more than just water...

It is easy to forget that much of Holland was once 'normal' wilderness, particularly in the east and south. Most of the formerly wild regions are now cultivated: the fens of Overijssel and Limburg; the heather moors of Drente, now sheep pasture; and the sandy lands of North Brabant, where the villages now nestle in abundant greenery. Respect for wild places has not, however, died. Nature reserves maintain whole tracts of the wild past, havens of recreation in an overcrowded land.

Nicht nur Wasser...

Und doch gibt es nicht nur Wasser hier in Holland. Das Land besitzt weite Regionen, vor allem im Osten und Süden, wo man beinahe keinen Tropfen findet - scheinbar jedenfalls. Das wüste Land der Vergangenheit ist fast überall kultiviert worden: Die Heidegebiete in Drente, die Moorlandschaften in Overijssel und Limburg, die Sandregionen von Nordbrabant mit ihren vielen kleinen Dörfern (rechts), welche versteckt im Grünen liegen. Holland hat auch ausgedehnte Wälder, in denen sich Hirsche, Wildschweine und Rehe zu Hause fühlen, und in denen sich ein Wanderer (mit einem bisschen Glück) sogar verirren kann.

Il y a plus que l'eau...

L'eau est loin d'être seule présente aux Pays-Bas. Le pays renferme aussi, surtout dans l'Est et le Sud, de vastes territoires où l'eau fait gravement défaut, en apparence du moins. Les régions autrefois désertiques ont néanmoins été mises en culture: les champs de bruyère de Drenthe, les tourbières de l'Overijsel et du Limbourg, et les terrains sablonneux du Brabant septentrional, cachent leurs multiples villages (ci-contre) dans la verdure. Le promeneur parviendra même à s'égarer dans les vastes zones boisées, qui sont le paradis des cerfs, des chevreuils et des sangliers. L'eau est partout présente, mais elle est loin d'être seule.

Dit lijkt een misverstand: een zacht golvend heuvellandschap, groene weiden, beboste vergezichten en huizen met 'vakwerk' - is dit Zuid-Duitsland, Zwitserland of Oostenrijk? Nee, het is Nederland, maar Amsterdam is heel ver weg. Dit is Zuid-Limburg, het wat vreemd gevormde stukje in de Benelux-legpuzzel, waar de bevolking veelal meer georiënteerd is op het nabije België of Duitsland dan op de rest van Nederland. De Maas kronkelt statig van zuid naar noord, ondertussen het water van talloze grote en kleine riviertjes en beken in zich opnemend. Dit is het dal van de Geul met zijn rijke flora, waarvan de kenners beweren dat er wel meer dan twintig soorten orchideeën in het wild groeien. Geen wonder, dat de streek bij vele natuurliefhebbers bekend staat onder de naam Klein-Zwitserland.

Softly undulating countryside, green fields, forests in the background and half-timbered houses: it might be logical to assume that the above scene was in Bavaria, Switzerland, or Austria. Nevertheless, it is the Netherlands - and a long way from Amsterdam. The location is South Limburg, a somewhat curious protrusion, where the population takes after the neighbouring countries of Belgium and Germany, rather than after the rest of Holland. The River Meuse winds its stately way from the south, absorbing a host of rivers and streams along its course. The valley of the River Geul is illustrated, an area so rich in flowers that experts assert that more than twenty varities of wild orchids grow there. It is not without reason that Dutch nature lovers call this region 'Little Switzerland'.

Dies sieht fast wie ein Irrtum des Fotografen aus: Bewaldete Hügel, Talblicke, Fachwerkhäuser auf grünen Wiesen. Eine Impression aus Süddeutschland, Österreich oder der Schweiz? Falsch - auch dies ist ein Stück Holland, weit weg von der Hauptstadt Amsterdam. Es ist Südlimburg, eine etwas unbekanntere Region des Benelux-Gebietes, in der die Bevölkerung mehr Kontakt mit dem nahen Belgien und Deutschland hat, als mit dem 'Rest' von Holland. Die Maas strömt hier majestätisch von Norden nach Süden, unzählige kleinere Flüsse und Bäche in sich aufnehmend. Dies hier ist das Geultal, berühmt wegen seiner üppigen Vegetation, und Pflanzenkenner beschwören, dass hier 20 Sorten wilder Orchideen wachsen. Man kann darum auch verstehen, weshalb viele Naturfreunde dieser Gegend den Namen 'Kleine Schweiz' gegeben haben.

Où sommes-nous? Un paysage de collines ondulées, de vertes prairies des horizons boisés et des maisons colombages... S'agit-il du Sud de l'Allemagne, de la Suisse ou de l'Autriche? Non, ce sont bien les Pays-Bas, mais Amsterdam est très loin. Nous sommes au Limbourg méridional, une région bizarrement dessinée au cœur du Benelux, où la population se tourne plus volontiers vers la Belgique ou l'Allemagne, toutes proches, que vers le reste des Pays-Bas. La Meuse serpente majestueusement du sud au nord, entre de multiples rivières, grandes et petites, qui viennent gonfler ses eaux. L'on voit ici la vallée de la Geul, avec sa flore extrêmement riche; les connaisseurs prétendent que l'on y trouve plus de vingt espèces d'orchidées sauvages. Il n'est dès lors pas étonnant que cette région soit connue des amoureux de la nature sous le nom de «Petite Suisse néerlandaise».

Eeuwig zingen de bossen, niet alleen in Noorwegen, ook in Nederland. Dit is het beboste heuvelgebied bij Schaarsbergen op de Veluwe, niet ver van Arnhem, waar de Rijn stroomt en de grens trekt tussen de woeste zandgronden in het noorden en het land van de vette rivierklei in het zuiden. Een oerbos? Vergeet het maar: de bomen staan keurig in het gelid.

A delicate tracework of sun and shadow decorates the springtime forest in the hilly area of Schaarsbergen in the Veluwe region, not far from Arnhem. This is where the Rhine outlines the division between the wilder, sandy lands of the north and the rich, river clay lands of the south. Although far from primaeval, such forests attract thousands of Dutch nature lovers.

Und ewig singen die Wälder - das gilt nicht nur für Norwegen, sondern auch für Holland. Dies ist die waldreiche Hügellandschaft in der Nähe von Schaarsbergen auf der Veluwe, nicht weit von Arnhem, wo der Rhein die Grenze zieht zwischen dem Sandgebiet des Nordens und den Fetten Uferwiesen des Südens.

Les bois chantent de toute éternité, pas seulement en Scandinavie, mais aussi aux Pays-Bas. Voici les collines boisées qui environnent Schaarsbergen sur la Veluwe, non loin d'Arnhem. Ici, le cours du Rhin sépare nettement les régions sablonneuses arides du Nord des terres alluvionnaires humides du Sud. Ces bois n'ont rien d'une forêt vierge: les arbres forment un alignement d'une rare élégance.

Het oostelijk deel van de provincie Utrecht behoort tot de dichtst bevolkte gebieden van het toch al dicht bevolkte Nederland. Niettemin kan juist deze streek tussen Amersfoort en Rhenen zich beroemen op een schitterende natuur, restanten vaak van in de 19de eeuw door tuinarchitecten aangelegde wandelparken, behorende bij vaak al lang verdwenen buitenplaatsen. Maar het lawaai van de vierbaans autoweg is meestal vlakbij.

The eastern part of the province of Utrecht is one of the more densely populated areas in a country that is already short of space for its people. Nevertheless, the country between Amersfoort and Rhenen rejoices in magnificent scenery. Much of this beauty derives from parklands, often all that remains of old country houses that disappeared long ago. Many of such parks and gardens were executed by Nineteenth Century horticulturists. The overgrown track above may have been a drive to a fine mansion. Unfortunately, the peace and quiet of this kind of scene is seldom far from the noise and bustle of a nearby multi-lane motorway.

Der östliche Teil der Provinz Utrecht gehört zu den dichtest bevölkerten Gebieten des ohnehin schon dichtbevölkerten Holland. Trotzdem ist gerade diese Region, zwischen Amersfoort und Rhenen, berühmt für ihre prächtige Parklandschaft. Die Parks wurden meistens durch Gartenbauarchitekten im 19. Jahrhundert angelegt und gehörten oft zu inzwischen vergangenen Herrenhäusern. So idyllisch es hier auch ist: Der Lärm der vierspurigen Autobahn ist manchmal unüberhörbar.

L'Est de la province d'Utrecht constitue la territoire le plus peuplé des Pays-Bas, où la densité générale de la population est déjà élevée. Cette région, située entre Amersfoort et Rhenen, peut néanmoins se targuer d'une flore brillante, due dans la plupart des cas aux architectes paysagistes du XIXe siècle; leurs jardins publics - ou ce qu'il en reste - dessinent des zones de villégiature, qui ailleurs ont disparu depuis longtemps. Toutefois, le vacarme de l'autoroute moderne retentit le plus souvent à deux pas.

Nederland is polderland. Achter de duinen en de dijken liggen de vruchtbare akkers van drooggemalen plassen en meren, tot de laatste vierkante meter in cultuur gebracht. Het is ongetwijfeld waar en het polderlandschap met zijn slootjes en zijn knotwilgen (rechts) is zeer zeker karakteristiek voor het land. Maar er is ook nog een ander landschap, zoals dat van de Drunense duinen in de provincie Noordbrabant (boven), de bossen, vennen en heidevlakten van de Kempen, een gebied dat eeuwenlang door het rijke, overheersende Holland werd verwaarloosd, geïsoleerd en armoedig, nu veel bezochte recreatiegebieden, te druk bezocht vaak en dientengevolge noodgedwongen tot beschermd natuurgebied verklaard. De armoede is verdwenen, het isolement al lang opgeheven, maar de tegenstelling tot het waterrijke Noordhollandse polderlandschap blijft even scherp.

It is perhaps fortunate that some areas of Holland are too poor in fertile soil to support modern, intensive agriculture. Instead, they have become havens of recreation for people from the overcrowded cities and industrial areas. The dunes of Drunen, in the North Brabant province (above) can support birch forest, some moss and heather, and a fine population of birds and ground animals. Such areas are dotted with secluded cafés, with establishments that hire horses, and, best of all, they are out of doors, and quiet. The value of such places in modern society cannot be overestimated; careful maintainance and strict regulations confirm that the authorities tend to agree.

Holland ist ein Polderland. Hinter Dünen und Deichen liegen die fruchtbaren, trockengelegten Äcker, jeder Zoll beste Kulturlandschaft. Das Land mit den vielen Wassergräben und den Kopfweiden (rechts) ist sehr charakteristisch. Aber es gibt noch andere typische Gebiete, zum Beispiel die Drunenschen Dünen in der Provinz Nordbrabant (oben), oder die Wälder, Moore und Heideflächen von De Kempen, einer Gegend, die Jahrhunderte isoliert und arm gewesen ist, sich in der letzten Zeit aber stark touristisch entwickelt hat. Diese Entwicklung nahm besorgniserregende Formen an, und man musste deswegen diese Region zum Naturschutzgebiet erklären. Armut und Isolation sind hier inzwischen Fremdworte geworden.

Les Pays-Bas constituent le royaume des polders. A l'abri des dunes et des digues, les étangs et lacs asséchés, cultivés jusqu'au dernier mètre carré sont peuplés d'arbres fruitiers. C'est si vrai que l'image du polder (ci-contre), avec ses fossés et ses saules têtards, en vient à symboliser le pays tout entier. Mais il existe un tout autre paysage: les dunes de Drunen en Brabant septentrional (ci-dessus) les bois, fagnes et landes de Campine. Ce territoire isolé et pauvre, traditionnellement négligé par la riche Hollande dominante, est maintenant recherché comme terre de loisirs, trop recherché même et décrété par la force des choses zone protégée. La pauvreté a disparu, l'isolement est vaincu depuis longtemps, mais l'opposition avec les polders du Nord reste encore vive.

Kastelen

Echte kastelen, waar eens roofridders, jonkvrouwen, schildknapen woonden en waar op gezette tijden troubadours hun smartlappen kwamen zingen zijn er niet veel meer in Nederland. Wie ze zoekt moet het begrip kasteel wat ruim interpreteren, maar dan zal ook niemand worden teleurgesteld. De eeuwenoude burchten, die er nog zijn, worden vrijwel niet meer bewoond en in het gunstigste geval zijn ze musea geworden, de troubadour is vervangen door de transistorradio en het toernooiveld is parkeerterrein, een betreurenswaardige, maar onvermijdelijke ontwikkeling.

Castles

True castles, as the traditional bastions of chivalry and romance, are few and far between in the Netherlands. Visitors in quest of castles should be a little generous in applying the term. But, just as an Englishman's home is his castle, so has it been for affluent Dutchmen of the past. Manor houses in Holland seem to retain 'castle' atmosphere - and the owners often led lives of intrigue and adventure that elsewhere, would certainly be associated with far more formidable dwellings.

Schlösser

Jene Burgen, wo früher Raubritter, Burgfrauen und Schildknappen wohnten, und wo von Zeit zu Zeit Troubadoure erschienen, um zur Laute zu singen, sind auch in Holland selten geworden. Aber es gibt noch sehr viele, jahrhundertealte Schlösser, die meistens nicht mehr bewohnt werden und günstigstenfalls zu einem Museum umfunktioniert worden sind. Der Troubadour hat dem Transistorradio Platz gemacht, und das Turnierfeld is jetzt ein Parkplatz.

Châteaux

Aux Pays-Bas, il n'y pas beaucoup de châteaux, de ces vrais châteaux qui arbritaient jadis des chevaliers des damoiselles et des écuyers, et où à certaines époques les troubadours venaient chanter leurs tristes complaintes. Il faut prendre la notion de château dans un sens très large pour ne pas être déçu. Les anciens châteaux-forts, qui résistent aux temps, ne sont quasi plus habités et sont dans le meilleur des cas transformés en musées; le troubadour a cédé la place au transistor, et le champ de tournois fait office de parking, réalité affligeante mais inévitable.

In het gebied van de grote rivieren bouwde in de 14de eeuw de roofridder Dirk Loef van Horne een burcht en wel op de linkeroever van de Waal vlak bij het punt waar de Maas in deze rivier uitstroomt. Maar zijn bekendheid dankt het slot Loevestein aan het feit, dat het lange tijd staatsgevangenis is geweest en wie daar werd opgesloten had weinig kans ooit te kunnen ontsnappen. Eén gevangene is dat echter gelukt en wel de beroemde jurist en staatsman Hugo de Groot, vriend en medestander van de raadspensionaris Johan van Oldenbarneveldt, die in 1618 ter dood werd veroordeeld. Met behulp van zijn vrouw, Maria van Reigersberg, die haar man in gevangenschap was gevolgd, ontsnapte De Groot uit Loevestein in een boekenkist. Loevestein is nu ter bezichtiging open gesteld: men komt er per boot vanuit Gorinchem.

During the Fourteenth Century, Dirk Leef van Hoorne, a notorious robberknight, built his stronghold on the left bank of the River Waal, close to its confluence with the Meuse in the heart of the great river basin. Loevenstein Castle's main claim to fame, however, is the fact that it was long used as a state prison, from which few ever managed to escape. One celebrated prisoner did manage gain his freedom: Hugo de Groot, a famous lawyer and statesman condemned to death in 1618. Aided by his wife, Maria van Reigersberg, who had followed her husband into captivity, de Groot fled Loevenstein hidden in a bookcase. Today, the castle is open to the public and its accessibility assured by a ferry from Gorinchem.

Im Gebiet der grossen Flüsse, am linken Ufer des Waal bei der Maasmündung, baute der Raubritter Dirk Loef van Horne im 14. Jahrhundert eine Burg. Schloss Loevestein ist dadurch berühmt (oder besser: berüchtigt) geworden, weil es lange Zeit das Staatsgefängnis gewesen ist, das den Ruf hatte, ausbruchssicher zu sein. Einem ist es trotzdem geglückt, zu entkommen: dem berühmten Staatsmann und Juristen Hugo Grotius, Freund und Mitkämpfer des Staatspensionärs Johan van Oldenbarneveldt, welcher im Jahre 1618 zum Tode verurteilt wurde. Mit der Hilfe seiner Frau, Maria van Reigersberg, die ihrem Mann in die Gefangenschaft folgte, konnte Grotius aus Loevestein in einer Bücherkiste entfliehen. Das Schloss kann jetzt besichtigt werden, man erreicht es mit dem Boot von Gorinchem aus.

Au XIVe siècle, le chevalier Dirk Loef van Horne construisit un château-fort dans la région des grands fleuves, très exactement sur la rive gauche du Waal, tout près de l'endroit où la Meuse se jette dans celui-ci. Le château de Loevestein doit sa notoriété au fait qu'il devint par la suite prison politique; quiconque y était enfermé avait bien peu de chances de recouvrer un jour la liberté. Un prisonnier fut cependant plus heureux que d'autres: le célèbre juriste et homme politique Hugo de Groot, ami et partisan du Grand Pensionnaire Johan van Oldenbarnevelt, qui fut condamné à mort en 1618. De Groot réussit à s'échapper de Loevestein dans un coffre de livres, avec l'aide de sa femme, Maria van Reigersberg, qui l'avait suivi dans sa captivité. Loevestein est maintenant accessible aux visiteurs: on y arrive en bateau depuis Gorinchem.

Langs de oevers van de rivier de Vecht, die dwars door Utrecht stroomt en bij Muiden in de Zuiderzee uitmondde, bouwden in de 17de eeuw de welgestelden hun sierlijke buitenplaatsen. Vele staan er nog, zoals het fraaie huis Rupelmonde nabij Nieuwersluis (boven), dat door een ingrijpende verbouwing in de 18de eeuw zijn tegenwoordige vorm heeft gekregen: streng symmetrisch, rustig, sober en ingetogen, zoals het een calvinistische koopman betaamt. Het Huis Ruurlo in de Gelderse Achterhoek (rechts) is van geheel andere allure. Het oudste gedeelte dateert van de 16de eeuw, later zijn er vleugels aangebouwd en verbouwd. Vijf eeuwen lang is deze voor Oost-Nederland zo typische havezathe bewoond door het geslacht Van Heeckeren. Het huis is omgeven door een prachtig park.

The River Vecht winds trough Utrecht and joins the IJsselmeer at Muiden. Along its banks, the noble and wealthy built their graceful residences in the Seventeenth Century. Many of their houses can still be seen, like Rupelmonde, near Nieuwersluis (above), which assumed its present form after extensive renovations in the Eighteenth Century. Its strong, symmetrical lines of sober, restrained dignity are exactly in character with the Calvinist merchant who occupied it. Ruurlo, in the Gelderse Achterhoek (right) has an entirely different allure. The oldest part dates from the Sixteenth Century but additional wings were added and rebuilt. Surrounded by a splendid park, this typical example of an East Netherlands 'havezate' (exclusive manor house) has been occupied by the Van Heeckeren family for five centuries.

Entlang den Ufern des Flüsschens Vecht, das quer durch Utrecht fliesst und bei Muiden in das IJsselmeer mündet, bauten im 17. Jahrhundert die reichen Handelsleute ihre eleganten Landsitze. Viele sind erhalten geblieben, wie zum Beispiel das Schlösschen Rupelmonde in der Nähe von Nieuwersluis (oben), welches seine heutige Form einem eingreifenden Umbau im 18. Jahrhundert verdankt. Es wirkt streng und symmetrisch und ist architektonisch schlicht, unverkennbare Attribute des calvinistischen Besitzers. Haus Ruurlo, gelegen in der Gelderschen 'Achterhoek' (rechts), ist von Stil her ganz anders. Der älteste Teil stammt aus dem 16. Jahrhundert, später baute man noch einige Seitenflügel an. Dieses für Ostholland sehr typische Rittergut wird seit 5. Jahrhunderten von der Familie van Heeckeren bewohnt. Rings um das Schloss liegt ein herrlicher Park.

C'est le long du Vecht, qui travers Utrecht et se jette dans le Zuiderz aux environs de Muiden, que les nantis du XVIIe siècle ont fait édif leurs élégantes résidences de cam pagne. Bon nombre ont été conse vées, telle cette jolie villa Rupelmonde non loin de Nieuwersluis dessus); elle doit sa forme actuell des transformations intervenues à XVIIIe siècle: symétrique, paisible sobre et modeste, juste ce qui co ent à un marchand calviniste. Le château de Ruurlo, dans l'Acht hoek en Gueldre (ci-contre), a une tout autre allure. La partie la plus cienne date du XVIe siècle; des ai ont par la suite été ajoutées et transformées. Ce manoir typique l'Est des Pays-Bas, niché au cœur d'un parc magnifique, est habité puis cinq siècles par la famille va Heeckeren.

Acht kastelen telt het Gelderse Vorden, maar alweer: til aan het woord niet te zwaar, want de meeste hebben meer de allure van een statig landhuis, ook al kunnen sommige op een eerbiedwaardige leeftijd terugzien. Het huis De Wildenborch bijvoorbeeld werd al in de kronieken van 1372 vermeld en het huis Het Medler werd in 1483 al genoemd. Maar andere zijn van betrekkelijk jonge datum: landhuizen voor de Gelderse landadel, welks leden een patriarchaal gezag uitoefenden over de boeren van het dorp en het zich konden veroorloven in betrekkelijke weelde een lui leven te leiden. Kasteel De Bramel (boven) dateert vermoedelijk uit de tweede helft van de 17de eeuw, maar het werd in de 18de eeuw grondig verbouwd. Het is al jaren traditie, dat de burgemeester van Vorden zelf als reisgids optreedt voor de toeristen, die met hem de acht-kastelentocht maken. Op de fiets natuurlijk.

Vorden in Gelderland boasts no less than eight castles but, again, the designation should not be taken too literally. Most of them are stately country mansions rather than castles, although some can look back on a venerable past. De Wildenborch, for instance, was mentioned in chronicles as long ago as 1372, while Het Medler was first mentioned in 1483. Other houses are more recent, like those built by the Gelderland gentry, who lived a life of ease and luxury by exercising feudal rights over the local peasantry. De Bramel (above) probably dates from the second half of the Seventeenth Century, but underwent considerable alterations in the Eighteenth Century. It has become established tradition that the Mayor of Vorden himself acts as a guide to tourists on an eight-castle tour - on bicycles, of course.

Vorden in der Provinz Gelderland besitzt acht Schlösser, obwohl man sie, strenggenommen, als Herrensitze bezeichnen müsste. Einige von ihnen können auf eine lange Geschichte zurückblicken, wie auch Haus 'De Wildenborch', das schon in Chroniken von 1372 genannt wird, oder Haus 'Het Medler', 1483 zum ersten Mal vermeldet. Verschiedene andere sind wesentlich jüngeren Datums, und meistens Landhäuser Gelderscher Landadliger, die durch patriarchalische Herrschaft über die Bauern der Gegend ein ziemlich sorgloses und bequemes Leben führen konnten. Schloss 'De Bramel' (oben) datiert vermutlich aus der zweiten Hälfte des 17. Jahrhunderts, wurde aber im 18. Jahrhundert erheblich verbaut. Schon jahrelang ist es eine nette Tradition, dass der Bürgermeister von Vorden als Reiseleiter fungiert, wenn Touristen die Acht-Schlösser-Tour machen möchten. Und natürlich wird diese Tour mit dem Fahrrad gemacht.

Vorden, en Gueldre, compte huit châteaux. Mais attention: ne vous attachez pas trop au mot lui-même car la plupart de ces châteaux ressemblent fort à de solides maisons de campagne, et quelques-uns seulement ont un âge respectable. château De Wildenborch, par exemple, figure déjà dans les chroniques de 1372, et celui de Het Medler est mentionné en 1483. D'autres sont beaucoup plus récents: maisons de campagne de la noblesse rurale de Gueldre qui exerçait une autorité patriarcale sur les fermiers du village pouvait s'offrir le luxe tout relatif de mener une vie oisive. Le château De Bramel (ci-dessus), qui date probablement de la seconde moitié du XVIIe siècle, fut complètement transformé au XVIIIe siècle. Voici des années déjà que, traditionnellement le bourgmestre de Vorden sert de guide aux touristes qui font le tour des huit châteaux. A vélo, naturellement.

Een sierlijke behuizing op het Groningse platteland: Fraeylemaborg bij Slochteren. Eens stonden er meer dan honderd van zulke buitenplaatsen, bewoond door jonkers, representanten van het laatste restje middeleeuwse samenleving op het platteland. Maar de jonkers zijn thans dun gezaaid en de borgen van weleer - alleen in Groningen treft men die naam aan - zijn grotendeels verdwenen. Menkemaborg bij Uithuizen is nog de bekendste, want dat is ingericht als een klein, intiem museum. Verder zijn er nog Ennemaborg, Coendersborg, Allersmaborg en de borg Verhildersum, het stamhuis van de familie Tjarda van Starkenborgh, waaruit de laatste gouverneur-generaal van Nederlands Oost-Indië voortkwam. Fraeylemaborg is het huis van een even bekende, oude Groningse familie met een nog langere naam: Thomassen à Thuessink van der Hoop van Slochteren.

Fraeylemaborg, near Slochteren, still exists as a monument to gracious living in the Groningen countryside. In the past, there were over a hundred of country houses like this, inhabited by 'jonkers' representing the last vestiges of the upper segment mediaeval class structure. Nowadays, the jonkers are thin on the ground and their houses, or 'borgen', (a Groningen word) largely a memory. Menkemaborg by Uithuizen is one of the better-known because it has been converted into a small, intimate museum. Other houses that still survive are Ennemaborg, Coendersborg, Allersmaborg and the borg of Verhildersum. The latter is the home of the Tjarda van Starkenborghs, a family that contributed the last Governor General to the Dutch East Indies. Fraeylemaborg belongs to an equally old and distinguished Groningen family which boasts an even longer name: Thomassen à Thuessink van der Hoop van Slochteren.

Ein vornehmer Sitz im weiten Groninger Land: Fraeylemaborg bei Slochteren. Einst gab es hier mehr als hundert solcher Feudalsitze, die durch Junker bewohnt wurden, letzte Repräsentanten mittelalterlicher Lebensform auf dem Land. Doch Junker gibt es kaum noch, und nur einige Burgen konnten dem Zahn der Zeit widerstehen. Menkemaborg bei Uithuizen ist die bekannteste, sie beherbergt ein kleines Museum. Ausser Ennemaborg, Coendersborg und Allersmaborg ist noch die Burg Verhildersum erwähnenswert. Sie ist der Stammsitz der Familie Tjarda van Starkenborgh, die den letzten Generalgouverneur von Niederländisch-Ostindien stellte. Fraeylemaborg ist das Haus einer alten Groninger Familie mit einem noch längeren Namen: Thomassen à Thuessink van der Hoop van Slochteren.

Une élégante résidence au cœur des plaines de Groningue: Fraeylemaborg, près de Slochteren. On dénombrait ici jadis plus d'une centaine de ces manoirs, où vivaient les derniers descendants des gentilshommes du Moyen Age. Mais leurs rangs sont aujourd'hui fort clairsemés, et 'les borgen van weleer' - «remparts de l'honneur» (on ne trouve cette expression qu'en Groningue) - ont largement disparu. Menkemaborg, près d'Uithuizen, reste le plus connu, car il est aménagé en petit musée intime. On trouve encore Ennemaborg, Coendersborg, Allersmaborg, et le borg Verhildersum, berceau de la famille Tjarda van Starkenborgh, où naquit le dernier gouverneur général des Indes orientales néerlandaises. Fraeylemaborg est la résidence d'une ancienne famille de Groningue, très connue elle aussi, et dont le nom est encore plus long: Thomassen à Thuessink van der Hoop van Slochteren.

Enkele fraaie voorbeelden van middeleeuwse kasteelbouw kan men nog aantreffen in de provincie Gelderland, zoals het kasteel Bergh in 's Heerenberg aan de weg van Emmerich (Duitsland) naar Zutphen (boven). Het dateert uit de 12de eeuw en is thans geheel in 16de-eeuwse stijl gerestaureerd. De muurankers herinneren aan het huwelijk van Herman graaf van den Bergh met Maria markiezin van Bergen op Zoom in 1599. - Van een geheel ander karakter is het kasteel Cannenburg nabij het dorp Vaassen op de Veluwe (rechts). Het is van oorsprong eveneens middeleeuws, maar in de 16de eeuw is het vrijwel geheel herbouwd onder Hendrik van Isendoorn en Sophie van Stommel. Het is jarenlang bewoond geweest door het geslacht Isendoorn à Blois. Het is nu eigendom van de stichting Vrienden der Gelderse Kastelen, die de Cannenburg sinds 1951 beheert.

Several fine examples of mediaeval castle architecture can be seen in the province of Gelderland. Castle Bergh (above) in 's Heerenberg, on the way from Emmerich (Germany) to Zutphen, is one of them. It was built in the Twelfth Century, but rebuilt later. It is now entirely restored in the style of the Sixteenth Century. Cramps on the walls commemorate the marriage of Herman, Count of Den Bergh, to Maria, Countess of Bergen op Zoom, in the year 1599. Cannenburg Castle (right), close to the village of Vaassen in the Veluwe, is a completely different kind of building. The original house dated from the Middle Ages but was totally restructured in the Sixteenth Century by Hendrik van Isendoorn and Sophie van Stommel. After remaining in the hands of the Isendoorn à Blois family for centuries, Cannenburg Castle now belongs to the Friends of the Gelderland Castles Foundation, which acquired the property in 1951.

Sehr schöne Beispiele mittelalterlicher Schlossarchitektur trifft man noch in der Provinz Gelderland an, beispielsweise Schloss Bergh in 's Heerenberg, am Wege von Emmerich nach Zutphen (oben). Es wurde im 12. Jahrhundert gebaut und ist jetzt vollkommen im Stil des 16. Jahrhunderts restauriert. Die Anker in der Mauer erinnern an die Vermählung von Herman Graf van den Bergh mit Maria Marquise van Bergen op Zoom im Jahre 1599. Einen ganz anderen Charakter besitzt Schloss De Cannenburg in der Nähe des Dorfes Vaassen auf der Veluwe (rechts). Es ist ebenfalls mittelalterlichen Ursprungs, aber im 16. Jahrhundert von Hendrik van Isendoorn und Sophie van Stommel vollständig umgebaut worden. Hier lebte jahrelang die Dynastie Isendoorn à Blois. Jetzt ist es Eigentum der Stiftung 'Freunde Gelderscher Schlösser', welche 'De Cannenburg' seit 1951 verwaltet.

La province de Gueldre renferme ecore d'autres jolis spécimens de châteaux médiévaux, comme celui de Bergh à 's Heerenberg, sur la route d'Emmerich (Allemagne) à Zutphen (ci-dessus). Cet édifice du XIIe siècle a été entièrement restau dans le style du XVIe siècle. Les fe rements des murs commémorent mariage du comte Herman van de Bergh avec la marquise Maria de Bergen op Zoom en 1599. Le château de Cannenburg, situé près du village de Vaassen, sur la Veluwe (ci-contre), présente un caractère bien différent. Lui aussi d'o gine médiévale, il a été entièremer reconstruit au XVIe siècle par Hendrik van Isendoorn et Sophie van Stommel. Il est habité depuis très longtemps par la famille Isendoorr Blois. Il appartient maintenant à la fondation des «Amis des châteaux Gueldre» qui le gère depuis 1951.

5000 jaar geschiedenis

Voor wel geen volk ter wereld is zo duidelijk aanwijsbaar als voor het Nederlandse, dat de grond waarop het leeft het fundament van zijn ontwikkeling en beschaving is, schreef de historicus professor dr. Jan Romein. De oudste resten van die beschaving vindt men in het noordoosten van het land, waar in oeroude tijden reeds mensen gewoond hebben op de hoge zandgronden van wat nu de provincie Drente is. Zij hebben tot op de huidige dag hun sporen achtergelaten: de hunebedden, uit enorme stenen gevormde grafmonumenten, zoals het hiernaast afgebeelde bij Rolde, grimmige herinneringen aan een tijdperk, waarvan nauwelijks iets bekend is.

5000 years of history

Little is known of Holland's prehistory. The north tends towards Saxon origins, the south towards the Celtic. That Dutchmen were in residence during the largely-hidden eras before Christ, is confirmed by sporadic concentrations of ancient burial mounds, of the stones that once lay beneath them. The oldest examples of all are found in the region of Drente. Characteristic patterns of immense boulders, they are known as the Hunebeds. The Hunebeds at Rolde are shown at right.

5000 Jahre Geschichte

'Kein Volk der Welt kann so deutlich wie das holländische beweisen, dass der Boden, auf dem es lebt, das Fundament seiner Entwicklung und Kultur ist,' schrieb der Historiker Prof. Dr. Jan Romein. Die ältesten Reste dieser Kultur findet man im Nordosten des Landes, wo auf den hohen Sandböden der jetzigen Provinz Drente schon in prähistorischer Zeit Menschen gelebt haben. Die Spuren, die sie hinterliessen, sind auch noch heute erkennbar: Hünengräber und Grabmonumente, aus gigantischen Steinen gehauen, wie hier auf der Abbildung bei Rolde. Eindrucksvolle Erinnerungen an eine Epoche, von der wir noch immer sehr wenig wissen.

Une histoire de 5000 ans

«Aucun homme au monde ne sait aussi nettement que le Néerlandais que le sol sur lequel il vit constitue le fondement de son développement et le berceau de sa civilisation», a écrit Jan Romein, professeur d'histoire. C'est dans le Nord-Est du pays que l'on retrouve les plus anciens vestiges de cette civilisation là où dans les temps préhistoriques déjà des hommes ont vécu sur les hauteurs sablonneuses de ce qui constitue l'actuelle province de Drenthe. Ils nous ont laissé des traces de leur passage: les dolmens, sépultures formées d'énormes pierres, comme celles photographiées près de Rolde (ci-contre), souvenirs énigmatiques d'une période mal connue.

In de nacht van de 19de november 1421 - de feestdag van de Heilige Elisabeth - werd het land ten oosten van Dordrecht verzwolgen door een enorme watervloed, een natuurramp waaruit het watergebied van de Biesbosch is ontstaan. Een onbekende schilder heeft tegen het eind van de 15de eeuw de ramp uitgebeeld: links ziet men hoe het water het lage land binnendringt en de dorpen overstroomt, terwijl de bewoners proberen hun bezittingen nog in veiligheid te brengen; rechts heeft de schilder de stad Dordrecht afgebeeld, waar vele vluchtelingen een goed heenkomen vonden.

Uit dezelfde eeuw dateert een miniatuur, eveneens van een kunstenaar wiens naam niemand weet, voorstellende de bouw van een aantal gotische kerken (rechts) in de verschillende fasen van de bouw; metselaars, steenhouwers, opperlieden, leidekkers ziet men bezig met hun handwerk.

During the night of 19th November 1421, St. Elizabeth's Day, the country east of Dordrecht was inundated by a devastating flood. The result of this natural disaster was the creation of the watery area known as the Biesbosch, now one of the largest natural wetlands in Europe. Several decades later, an anonymous painter rendered a particularly graphic account of the scene. On the left, the water overwhelms the low-lying land, drowning the villages in its path, while the terrified population attempts to salvage what possessions it can. To the right of the picture stands the city of Dordrecht, where many found refuge. A miniature by another unknown Fifteenth Century artist (right) depicts the building of several Gothic churches in different stages of construction, with masons, stonemasons, slaters and supervisors at work on their respective tasks.

In der Nacht des 19. November 1421 - dem Fest der Heiligen Elisabeth - wurde das Land östlich von Dordrecht unter enormen Wassermassen begraben, eine Naturkatastrophe, durch die das Delta des 'Biesbosch' entstanden ist. Ein unbekannter Maler hat gegen Ende des 15. Jahrhunderts die Katastrophe dargestellt: Auf der linken Seite sieht man, wie die Fluten in das tiefgelegene Land strömen und Dörfer überfluten, rechts liegt die Stadt Dordrecht, in die viele Menschen geflüchtet sind. Aus demselben Jahrhundert stammt eine Miniatur eines ebenfalls unbekannten Künstlers, welche die Bauarbeiten an verschiedenen gotischen Kirchen abbildet (rechts), man kann die verschiedenen Bauphasen erkennen und sieht Maurer, Steinmetze und Schieferdecker bei ihrer Arbeit.

Dans la nuit du 19 novembre 1421 - fête de la Sainte-Elisabeth - la région située à l'est de Dordrecht fut engloutie par une gigantesque inondation, catastrophe naturelle qui laissa submergée la région du Biesbosch. Vers la fin du XVe siècle, un artiste anonyme a peint la scène du désastre (ci-dessus): à gauche, l'eau envahit les terres basses et submerge les villages, tandis que les habitants tentent de mettre leurs biens en lieu sûr; à droite, le peintre a représenté la ville de Dordrecht, où de nombreux sinistrés cherchèrent refuge. C'est du XVe siècle également que date cette miniature, due elle aussi à un peintre anonyme, et qui montre l construction de quelques églises gothiques à divers stades (ci-contre) on y reconnaît entre autres des maçons, des tailleurs de pierre, des manœuvres et des couvreurs au travail.

In de Tachtigjarige Oorlog (1568-1648) tussen Spanje en de Nederlanden groeide de Nederlandse zeemacht weldra tot een zo geduchte tegenstander uit, dat zij het zich in 1607 kon veroorloven de Spaanse zeemacht in eigen wateren aan te vallen. De zeeschilder Hendrick Cornelisz. Vroom heeft hier het moment uitgebeeld waarop het Spaanse vlaggeschip in de lucht vloog. De Nederlanders vernietigden alle 21 Spaanse schepen, doch vice-admiraal Jacob van Heemskerck die de vloot van de republiek aanvoerde, sneuvelde in de strijd.

Between 1568 and 1648, Holland rebelled against the oppressive religious colonialism of the Spanish Empire. By 1607, Dutch sea power was strong enough to challenge the Spaniards in their own waters. In a major victory off Gibraltar, the Dutch fleet under Vice-Admiral Heemskerck sank or damaged 21 galleons of the Spanish fleet, breaking the back of Spanish sea power. Hendrick Cornelisz. Vroom, the marine artist, here depicts the moment at which the Spanish flagship exploded - carrying with it, many historians opine, the beginning of the end for the Spanish Empire.

Im Achtzigjährigen Krieg (1568-1648) zwischen Spanien und Holland entwickelte sich die holländische Flotte schnell zu einem derart gefürchteten Gegner, dass sie es sich im Jahre 1607 erlauben konnte, die spanische Armada in ihren eigenen Gewässern anzugreifen. Der Seemaler Hendrick Cornelisz. Vroom hat hier auf dem Bild den Moment festgehalten, in dem das spanische Flaggschiff in die Luft flog. Die Holländer vernichteten alle 21 spanischen Schiffe, jedoch kam bei dieser Schlacht Vize-Admiral Jacob van Heemskerck ums Leben, welcher die Flotte der Republik befehligte.

Au cours de la «Guerre de 80 ans» (1568-1648) entre l'Espagne et les Pays-Bas, la marine néerlandaise devint un adversaire si redoutable qu'elle put s'offrir le luxe d'attaquer la flotte espagnole dans ses propres eaux, en 1607. Le peintre de marine Hendrick Corneliszoon Vroom a représenté ici le moment où le vaisseau commandant espagnol vole en éclats. Les Néerlandais anéantirent les 21 navires espagnols; toutefois, le vice-admiral Jacob van Heemskerck, qui commandait la flotte de la république, perdit la vie dans ce combat.

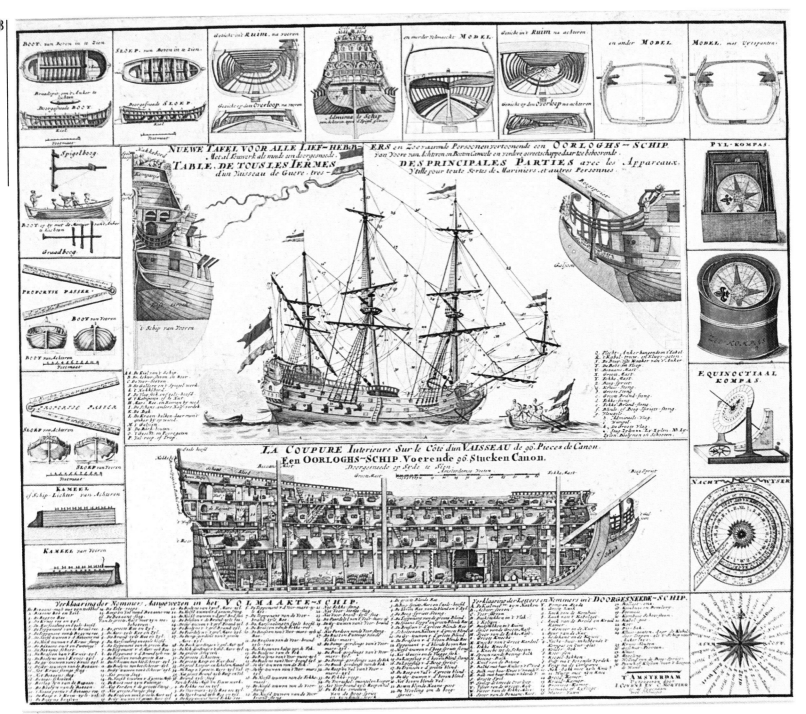

Nederlandse wandplaat van 1700, voorstellende de tuigage en de indeling benedendeks van een oorlogsschip uit die jaren. De tekening wordt omlijst door een reeks afbeeldingen van navigatiegereedschap (kompas, passer, spiegelboog, enz. en dwarsdoorsneden van het schip), alsmede van de toen in gebruik zijnde scheepskamelen (links onder), die een groot schip over ondiepten als het Pampus vóór Amsterdam konden tillen.

A Dutch wall-poster drawn in 1700 shows the rigging and the below-deck configuration of a contemporary 90-gun man-o'-war. The top border consists of plans, elevations, and sections of galleons and auxiliaries. The right border shows compasses used by day, by night, and for position-taking. Particularly interesting are the 'camel-lifts' at bottom left, bouyancy aids that enabled deep-draughted ships to cross sand-bars and obstructions - valuable tools on Holland's shifting, shallow coast.

Ein holländisches Wandbild von 1700, das die Takelage und Zwischendeck-Einteilung eines Kriegsschiffes der Zeit darstellt. Die Zeichnung wird eingerahmt durch Abbildungen von Navigationsgeräten (Kompass, Zirkel, usw.) und Querschnittsplänen, außerdem sieht man die seinerzeit gebräuchlichen 'Schiffskamele' (unten links), die ein grosses Schiff durch seichtes Wasser ziehen konnten, wie zum Beispiel durch die Pampus-Untiefe vor Amsterdam.

Une affiche néerlandaise de 1700 nous présente ici le gréement et les diverses affectations du pont inférieur d'un vaisseau de guerre de l'époque. Le dessin central est entouré de multiples instruments de navigation (boussole, compas, sextant, etc.), ainsi que d'une coupe du bateau. On peut également voir, en bas à gauche, les «chameaux» ou pontons alors utilisés pour soulever un gros vaisseau au-dessus des bas-fonds, comme le Pampus devant Amsterdam.

Gerrit Adriaensz. Berckheyde (1638-1698) schilderde het Amsterdamse stadhuis, ontworpen door Jacob van Campen, ingewijd op 29 juli 1655. Geheel rechts het oude stadhuis, in het midden de Nieuwe Kerk. De situatie is nauwelijks veranderd.

Overleaf: G. A. Berckheyde (1638-1698) painted this view of Amsterdam town hall. The old town hall stands on the right, the Nieuwe Kerk in the corner.

Gerrit Adriaensz. Berckheyde (1638-1698) malte das Rathaus von Amsterdam, entworfen von Jacob van Campen und eingeweiht am 29. Juli 1655. Ganz rechts das alte Rathaus, in der Mitte die Nieuwe Kerk (Neue Kirche). Diese Ansicht hat sich bis heute kaum verändert.

Gerrit Adriaenszoon Berckheyde (1638-1698) peignit l'hôtel de ville d'Amsterdam, dû à l'architecte Jacob van Campen et inauguré le 29 juillet 1655. A l'extrême-droite du tableau se trouve l'ancien hôtel de ville, à côté de la Nieuwe Kerk (Nouvelle Eglise). Cet endroit est pratiquement inchangé de nos jours.

Hoogtepunten van de Nederlandse schilderkunst

De Nederlandse schilderkunst heeft zich in de loop der eeuwen grote vermaardheid verworven en het is moeilijk in enkele regels te verklaren waarom juist deze kunstvorm hier zo'n hoge vlucht nam. De aangeboren zin voor het realisme, dat de Nederlandse schilders kenmerkt, heeft er ongetwijfeld toe bijgedragen: het portret, het landschap, het zeestuk, het stilleven, kortom, het dagelijkse leven in al zijn facetten boeiden de schilders en daarin konden zij zich hier uitleven. Het licht speelde daarbij een overheersende rol, het grijze, zilverachtige licht, dat overal is, binnen en buiten, langs de rivier, in de havens, langs de kust, maar ook in de huizen, in de kerken, in het schildersatelier zelf. De Nederlandse schilderkunst heeft zich, alle veranderingen en opvattingen ten spijt, kunnen handhaven vanaf de vroege middeleeuwen tot de dag van vandaag.

Highlights of Dutch painting

Dutch painting has achieved great renown over the centuries, although its unique qualities are quite difficult to pinpoint. The inherent sense of realism that is so characteristic of Dutch artists certainly helps. The quality of the light is undoubtedly another major factor: that grey, silvery light that stems from horizon-to-horizon distance unequalled in any other civilized area, pervades every corner of the Netherlands, from the wildest coastal scene to the intimacy of the artist's studio.

Höhepunkte der holländischen Malerei

Die holländische Malerkunst hat im Lauf der Jahrhunderte einen sehr hohen Berühmtheitsgrad erlangt und es ist in wenigen Zeilen sehr schwierig, zu erklären, warum gerade die Niederlande so prädestiniert für diese Kunstform sind. Ohne Zweifel hat der dem Holländer angeborene Sinn für Realismus hier eine wichtige Bedeutung: Das Porträt, das Landschaftsbild, das Seestück, das Stilleben - alles sind handfeste, lebensnahe Motive, deren Darstellung grosses Talent und scharfe Beobachtungsgabe voraussetzt. Auch das Licht spielt bei allen holländischen Malern eine grosse Rolle. Sie sind Meister in seiner realistischen Wiedergabe: Graues Licht am Hafen und entlang der Küste, silbernes Licht über den Flüssen, warmes Licht in Kirchen, Häusern und den eigenen Ateliers. Seit dem frühen Mittelalter bis in die Gegenwart gilt die niederländische Malkunst als Meilenstein der Kunstgeschichte, und keine historische Veränderung hat diese Tradition unterbrechen können.

Les apogées de la peinture hollandaise

Au cours des siècles, la peinture néerlandaise a acquis une grande renommée, et il est difficile d'expliquer en quelques lignes pourquoi cette forme d'art a pris un tel essor. Le penchant inné pour le réalisme, qui caractérise les peintres néerlandais, y a certainement grandement contribué: le portrait, le paysage, la marine, la nature morte, en un mot la vie quotidienne sous toutes ses facettes les a passionné et leur a permis d'épanouir leur art. La lumière jouait un rôle prépondérant dans leurs tableaux, cette lumière grise et argentée que l'on retrouve partout, tant au dehors qu'à l'intérieur, le long des cours d'eau, dans les ports, sur la côte, mais aussi dans les maisons, les églises ou l'atelier du peintre lui-même. La peinture néerlandaise s'est maintenue, en dépit de toutes les modifications et interprétations, depuis le haut Moyen Age jusqu'à nos jours.

Bizar en beangstigend is het schilderstuk van Jeroen Bosch (1450-1516) voorstellende De verzoeking van de Heilige Antonius, het middenpaneel van een drieluik. Duivelse monsters op het land, in het water en in de lucht, omringen de hoofdfiguur: surrealisme in de overgangstijd tussen de middeleeuwse kunst en de renaissance.

Surrealism in the transitional phase between mediaeval and Renaissance art: 'The Temptation of St. Anthony' by Hieronymus Bosch (1450-1516) is the centrepiece of a triptych. Bizarre and harrowing figures from the depths of the artist's imagination surround a central, calm figure.

Sehr bizarr und beängstigend ist das Gemälde von Hieronymus Bosch (1450-1516), das die Versuchung des heiligen Antonius darstellt; es ist das Mittelstück eines Triptychons. Teuflische Ungeheuer, die Elemente beherrschend, bedrohen die Hauptfigur: 'Surrealismus' in der Übergangszeit zwischen Mittelalter und Renaissance.

De tableau de Jérôme Bosch (1450-1516) illustrant La tentation de saint Antoine - panneau central d'un triptyque - est pour le moins bizarre et effrayant. La figure centrale est entourée de diables monstrueux, présents sur terre, dans l'eau et dans les airs: le surréalisme fait ici son apparition au cours de la période de transition entre l'art du Moyen Age et celui de la Renaissance.

Een bijbelse figuur in een Nederlands landschap: de Verloren Zoon, na jaren van omzwervingen, terugkerend naar het ouderlijk huis, een schilderstuk van Pieter Breughel (1520-1569), Zuidnederlander. In Italië voltooide hij zijn schildersopleiding, maar zijn wijze van uitbeelden is nog helemaal middeleeuws.

The Prodigal Son turns for home, clothed in rags and surrounded by bad-luck symbols: a cow with a crooked horn, a single magpie and an owl by day are just some of them. Debauchery and filth lie behind him; a welcome home is before him. Pieter Bruegel (c.1520-1569) displays his own unique mixture of southern and northern art forms in one of his typical illustrations of Biblical parables.

Eine biblische Gestalt in einer niederländischen Landschaft: Der verlorene Sohn kehrt nach jahrelanger Irrfahrt in das Elternhaus zurück. Der Maler ist Pieter Bruegel (1520-1569), geboren in Südholland. Dieser berühmte Maler vollendete sein Malerei-Studium in Italien, doch ist in seine Darstellungsweise noch vollkommen mittelalterlich.

Un personnage de la Bible dans un paysage néerlandais: le Fils prodigue, retournant chez son père après des années d'errance. C'est un tableau de Pierre Bruegel (1520-1569) originaire des Pays-Bas méridiona Bien qu'il perfectionnât son art en Italie, cet artiste n'en continua pas moins à représenter ses sujets dar le plus pur style du Moyen Age.

Een van de stuwende krachten van de Hollandse genreschilderkunst is Frans Hals geweest (c. 1580-1666), Zuidnederlander van geboorte, maar zich roem verwervende in Haarlem, vooral door zijn groepsportretten, zoals het hierboven afgebeelde, voorstellende officieren en onder-officieren van de Sint-Jorisdoelen.

Frans Hals (c.1580-1666) was a potent driving-force in Dutch genre painting. Born in the south of Holland, Hals settled and established his reputation in Haarlem. He is particularly famous for group portraits such as this one, showing the officers and non-commissioned officers of the St. Jorisdoelen.

Eine der einflussreichsten Persönlichkeiten der holländischen Genremalerei war Frans Hals (ca. 1580-1666). Auch er stammte aus Südholland, aber seinen Ruhm erwarb er sich in der Stadt Haarlem, wo er seine prächtigen Gruppenporträts malte. Eines davon ist oben abgebildet und stellt die Offiziere und Unteroffiziere der St. Joris-Schützengilde dar.

Frans Hals (vers 1580-1666) fut l'un des chefs de file de la peinture de genre en Hollande. Ce peintre, né dans les Pays-Bas du Sud, connut la célébrité à Haarlem, surtout grâce à ses portraits collectifs. Ci-dessus se trouvent représentés les «Arquebusiers de saint Georges».

Twee der allergrootsten uit de Gouden Eeuw: Johannes Vermeer (1623-1675), De Brief (links) en Rembrandt van Rijn (1606-1669), een zelfportret als de apostel Paulus (boven). De molenaarszoon uit Leiden, die onder zijn voornaam wereldberoemd is geworden, heeft zichzelf vele malen uitgebeeld, soms in fantastische, oosterse gewaden.

Two masterpieces from the 'Golden Age' of Dutch painting: 'The Letter' by Johannes Vermeer (1632-1675) and 'Self-Portrait of the Artist as St. Paul' (above) by Rembrandt van Rijn (1606-1669). Vermeer was the son of an art dealer in Delft. He painted so slowly (and speculated on others' paintings so badly) that he spent much of his life in debt. Many of his works feature the same background objects. This one, typically, is set in his own home. In contrast, Rembrandt was one of the most prolific master-painters of all: he produced around 600 paintings, 1400 drawings and 300 etchings - including some 300 self-portraits.

Zwei Gemälde von zwei der allergrössten Maler des goldenen Jahrhunderts: Von Johannes Vermeer (1623-1675) 'Der Brief' (links), von Rembrandt van Rijn (1606-1669) das 'Selbstporträt als der Apostel Paulus' (oben). Rembrandt, der Müllerssohn aus Leiden, und unter seinem Vornamen weltberühmt geworden, hat sich sehr oft selbst gemalt, manchmal in fantastische, orientalische Gewänder gehüllt.

Deux des génies de la peinture du Siècle d'Or: Johannes Vermeer (1623-1675), auteur de *La Lettre* (ci-contre), et Rembrandt van Rijn (1606-1669), qui s'est représenté en apôtre Paul (ci-dessus). Le fils du meunier de Leyde, connu dans le monde entier par son prénom, a fait de nombreuses fois son autoportrait, parfois même dans de féeriques habits orientaux.

De domineeszoon Vincent van Gogh, die kort, maar hevig leefde (1853-1890), schilderde in zijn Brabantse tijd het 'laantje bij Nuenen', in een stijl, die toen nog zo revolutionair was, dat hij tijdens zijn leven maar één schilderij heeft kunnen verkopen. Nu is aan zijn werk en aan dat van zijn tijdgenoten in Amsterdam een apart museum gewijd: het Rijksmuseum Vincent van Gogh.
Karel Appel (geboren 1921) heeft het zo ver nog niet gebracht. 'Ik rotzooi maar wat an,' is de leus geweest waarmee hij zijn grote, in felle kleuren uitgevoerde stukken presenteerde. Rechts zijn schilderij De Veroordeelden. Tussen hem en Jeroen Bosch liggen eeuwen, maar het verschil is in werkelijkheid niet zo groot.

The minister's son Vincent van Gogh lived a short but intense life (1853-1890). He painted 'A Country Lane near Nuenen', during his Brabant period. His style was considered so revolutionary that he sold only one painting during the course of his life. Today, a separate museum is devoted to his and his contemporaries' works: the Rijksmuseum Vincent van Gogh, in Amsterdam. Karel Appel (born 1921) has not yet achieved such distinction. 'I just mess around', was his explanation when he launched his large, colourful canvasses. On the right we see his painting 'The Condemned'. Although centuries may lie between him and Hieronymus Bosch, perhaps the gap is not really that great.

Der Pfarrerssohn Vincent van Gogh, dem nur ein sehr kurzes, aber intensives Leben beschieden war (1853-1890), malte während seiner brabantischen Periode 'Die Allee bei Nuenen' in einem für die damalige Zeit sehr revolutionären Stil, einem Stil, der auch für seine weiteren Werke kennzeichnend sein sollte. Er verkaufte kaum Bilder während seines Lebens, heute aber ist ein ganzes Museum seinem Werk gewidmet: Das Rijksmuseum Vincent van Gogh in Amsterdam.
Karel Appel (geboren 1921) hat es noch nicht so weit gebracht. Unter dem Motto 'Ich mache nur ein bisschen Dreck' präsentierte er seinerzeit seine grossformatigen, mit starken Farben gemalten Bilder. Rechts sein Gemälde 'Die Verurteilten'. Zwischen ihm und Hieronymus Bosch liegen Jahrhunderte, und doch ist der Unterschied oft nicht sehr gross.

Vincent van Gogh (1853-1890), ce de pasteur dont la brève existence fut néanmoins extrêmement inten peignit, au cours de sa période bra bançonne, cette «petite allée près Nuenen», son lieu de naissance; le style n'est pas encore très révolutionnaire, mais l'artiste ne pourra toutefois vendre qu'une seule toile au cours de toute sa carrière.
Aujourd'hui, un musée particulier consacré à son œuvre et à celle de ses contemporains: le Rijksmuseu Vincent van Gogh à Amsterdam.
Karel Appel (né en 1921) n'a pas e core bâti une telle carrière. «Je moisirai encore quelque temps», te est le leitmotiv qui accompagne la présentation de ses grandes toiles aux couleurs violentes. Ci-contre, s tableau intitulé Les condamnés. Si des siècles le sépare de Jérôme Bosch, tout dans son art le rappro de son illustre prédécesseur.

Een nijver land

Het heeft betrekkelijk lang geduurd voor de industriële revolutie ook Nederland in haar greep kreeg, maar vanaf omstreeks de tweede helft van de 19de eeuw veranderden nieuwe welvaartsbronnen het land en het landschap totaal, vooral nadat omstreeks 1870 zowel Rotterdam als Amsterdam nieuwe toegangswegen tot de zee kreeg. Rechts het Noordzeekanaal bij IJmuiden met de na de Eerste Wereldoorlog daar gestichte Hoogovens op de achtergrond. Het moderne zeeschip wordt gevolgd door een opleidingsschip van een vreemde marine, een zeilschip, rijk gepavoiseerd en eveneens op weg naar Amsterdam.

An industrious country

The industrial revolution was slow to penetrate the Netherlands. From the second half of the Nineteent Century onwards, however, new sources of prosperity brought profound changes, especially when in about 1870 Rotterdam, as well as Amsterdam, gained new access to the sea. The Nor Sea Canal at IJmuiden is illustrated with, in the background, the blast-furnaces built there after the First World War. A training sailship, a leisure boat, and a modern carrier ship show the variety of Amsterdam-bound traffic.

Eine betriebsame Nation

Es hat ziemlich lange gedauert, bevor die industrielle Revolution auch Holland eroberte. Ab der zweiten Hälfte des 19. Jahrhunderts jedoch veränderten neue Brunnen des Wohlstandes Land und Landschaft völlig, besonders nachdem Rotterdam und Amsterdam ungefähr um 1870 neue Zufahrtswege zum Meer bekamen. Rechts der Nordseekanal bei IJmuiden, im Hintergrund die nach dem ersten Weltkrieg gegründeten Hochöfen. Ein reich beflaggtes Marine-Segelschulschiff im Gefolge eines modernen Schiffes auf dem Weg nach Amsterdam.

Une nation industrieuse

La révolution industrielle mit assez longtemps à se répandre aux Pays-Bas; toutefois, dès la seconde moitié du XIXe siècle, de nouvelles sources de prospérité modifièrent totalement le pays et sa physionomie, en particulier après 1870, lorsque Rotterdam et Amsterdam trouvèrent de nouveaux débouchés vers la mer. Ci-contre, le Noordzeekanaa (canal de la mer du Nord) près de la IJmuiden, avec à l'arrière-plan les hauts-fourneaux construits après la première guerre mondiale. Le navire moderne est suivi par un vaisseau-école d'une marine étrangère, un voilier richement pavoisé et lui aussi en route po Amsterdam.

Eens kwam Czaar Peter de Grote van Rusland naar Nederland om het vak van scheepstimmerman te leren, een ambacht, dat van ouds hier met grote vaardigheid werd bedreven. En nog altijd worden er schepen gebouwd op onderscheidene werven, alleen zijn ze al lang niet meer van hout en gekroonde hoofden voelen zich niet meer geroepen zich in de scheepsbouw te bekwamen. Op de werf van de NDSM in Amsterdam (boven) gaat het nu anders toe dan in Czaar Peters leerjaren.

Long ago, Czar Peter the Great of Russia came to the Netherlands to acquaint himself with the shipwright's craft, which was practised here with undisputed excellence. Ships are still being built, but they are no longer made of wood and crowned heads no longer feel impelled to become qualified shipbuilders; the NDSM wharf in Amsterdam (above) matters proceed quite differently.

Einst kam Zar Peter der Grosse von Russland in die Niederlande, um das Schiffszimmermanns-Handwerk zu lernen, das hier seit altersher mit grosser Geschicklichkeit betrieben wird. Noch immer werden auf vielen Werften Schiffe gebaut, aber sie werden nicht mehr aus Holz hergestellt, und ausserdem gibt es keine gekrönten Häupter mehr, die gerne im Schiffsbau arbeiten möchten. Auf der Werft der NDSM in Amsterdam (oben) weht heute ein anderer Wind als zur Zeit der Lehrjahre Zar Peters.

Le tsar de Russie, Pierre le Grand, vint un jour aux Pays-Bas pour apprendre le métier de charpentier de marine, dans lequel les Hollandais excellaient depuis toujours. Si l'on construit encore des vaisseaux dans les différents chantiers, ceux-ci ne sont plus en bois, et les têtes couronnées ne se sentent plus l'âme de constructeurs de bateaux. Sur le chantier naval de la NDSM à Amsterdam (ci-dessus), les choses ont bien changé depuis Pierre le Grand.

Sinds de vroegste tijden hebben Nederlandse vissers haring gevangen op de Noordzee, doorgaans met primitieve scheepjes, die bij hoog water op het strand werden gezet. Vis is nog altijd een belangrijk exportartikel en bij de haring hebben zich gevoegd de kabeljauw, de schelvis, de wijting, de tong, de schol, de makreel. Scheveningen is nu naast IJmuiden een der grootste vissershavens van het land.

International fishing owes much to methods developed by the Dutch, from the first hazardous attempts at drifting for herring from primitive, open beach boats, to the sophisticated, kilometres-long seine nets in use today. Ironically, the problem of the '80's is that the methods are *too* good; the 'Alida' 's catch of mackerel on Scheveningen quay may well be one of the last really big hauls.

Seit frühesten Zeiten haben holländische Fischer Hering auf der Nordsee gefangen, meistens mit einfachen, flachen Schiffen, die bei Hochwasser auf den Strand gesetzt werden konnten. Fisch ist noch immer ein wichtiger Exportartikel des Landes, und zum Hering sind noch andere wichtige Fischsorten gekommen: Kabeljau, Schellfisch, Weissling, Seezunge, Scholle und Makrele. Scheveningen ist neben IJmuiden einer der grössten Fischereihäfen des Landes.

Depuis les temps les plus reculés, les Néerlandais ont pêché le hareng en mer du Nord, le plus souvent au moyen d'embarcations rudimentaires, tirées sur le sable à marée haute. Le poisson reste l'objet d'exportations massives, et au hareng sont venus s'ajouter le cabillaud, l'aiglefin, le merlan, la sole, la plie, le maquereau. Scheveningen est, avec IJmuiden, l'un des plus grands ports de pêche du pays.

Een autoritje van nog geen uur vanaf Rotterdam en het beeld is totaal veranderd: hier is de bloembollenstreek tussen Haarlem en Leiden (boven), waar in het voorjaar het land één groot, kleurig tapijt wordt. Die kleurenpracht blijft nooit lang: terwille van de kwaliteit der bollen worden de bloemen - hyacinten in dit geval - nog in hun volle bloei afgesneden.

(links) Dit is Rotterdam, wereldhaven no. 1, toegangspoort tot Europa, want de Rijn, die in Zwitserland begint, is hier bezig aan zijn laatste kilometers. Een woud van kranen en schepen in alle maten en soorten meren hier af: olietankers, graanschepen, containerschepen, kustvaarders, cruise-schepen. Maar in de haven zijn de kleine motorbootjes van de havendienst ze allemaal de baas: zij stellen orde op zaken.

Only an hour's drive from Rotterdam lies a totally different scene: the bulb-field area between Haarlem and Leiden (above) where, come spring, the countryside becomes a single huge and colourful carpet of flowers.

Rotterdam port (left) is the largest in the world, situated where the Rhine embarks on its final stages after the long flow from Switzerland. Ships of every size and kind moor here, creating a jungle of cranes and masts over a maze of waterways. Only the agile little boats of the port authority (foreground) can create order from the apparent confusion.

Noch nicht einmal eine Autostunde von Rotterdam, und das Bild hat sich total verändert: dies ist das Blumengebiet zwischen Haarlem und Leiden (oben), wo das Land im Frühjahr ein einziger, unbeschreiblich farbenprächtiger Blütenteppich wird. Doch die Pracht ist nicht von langer Dauer: Um eine gute Blumenzwiebel-Qualität zu erhalten, werden die Blumen - in diesem Fall Hyazinthen - vor dem Ausblühen abgeschnitten.

Das ist Rotterdam, der grösste Hafen der Welt und das Tor nach Europa, denn der Rhein, wichtigste Wasserstrasse Europas, beendet hier seine Reise und mündet in die Nordsee. Ein Wald von Kränen und Schiffen jeder Art und Grössenordnung: Hier legen Öltanker, Getreidefrachter, Containerschiffe, Küstenfahrer und Vergnügungsschiffe an und ab. Die kleinen Motorboote der Hafenverwaltung jedoch sind die wahren Autoritäten: Sie rufen ihre grossen Brüder zur Ordnung.

A une heure de route à peine de Rotterdam, le paysage est totalement différent: c'est le paradis des plantes bulbeuses, entre Haarlem et Leyde (ci-dessus); au printemps, cette région se couvre d'un vaste tapis de fleurs colorées. Cette féerie est toutefois bien éphémère: afin de préserver la qualité des oignons, les fleurs - des jacinthes sur cette photo - sont coupées en pleine floraison.

Voice Rotterdam (ci-contre), le premier port mondial, porte de l'Europe, car le Rhin, qui prend sa source en Suisse, y coule ses derniers kilomètres. Ici pousse une véritable forêt de grues et de bateaux de toutes tailles et de toutes sortes: pétroliers, navires-céréaliers, porte-containers, caboteurs, paquebots. Mais dans le port, ce sont les petits bateaux à moteur des services portuaires qui sont les rois: ce sont eux qui font régner l'ordre.

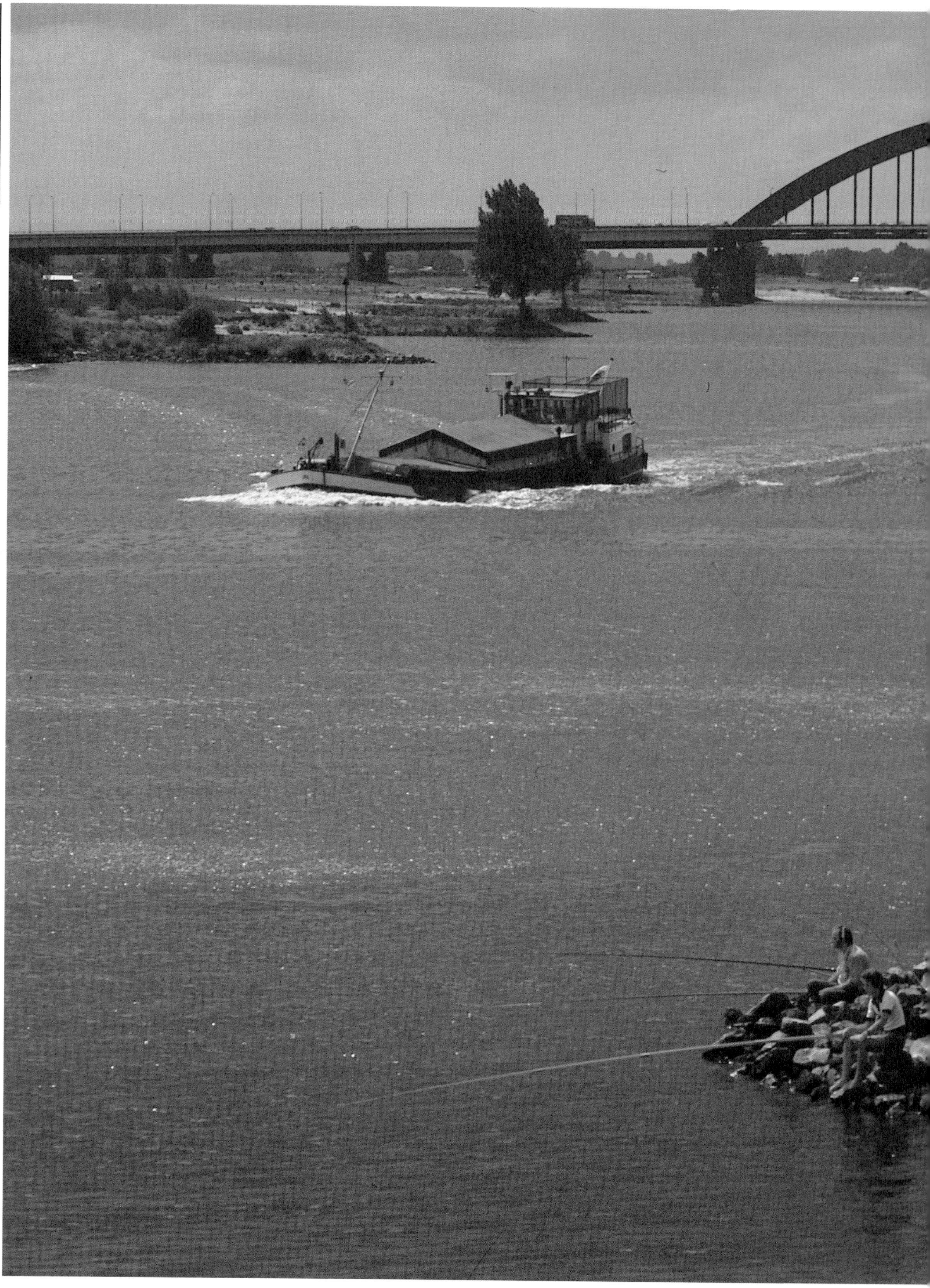

Gaius Plinius Secundus is al negentien eeuwen dood. Het land dat hij aanschouwde is er nog steeds, maar het is wel veranderd, ook al ligt het nog steeds voor een groot deel beneden de zeespiegel. Wat gebleven is, is het water, de zee, de blauwe lucht, de eindeloze horizon. Maar over de rivieren zijn bruggen gelegd, zoals over de Lek bij Vianen en dammen en dijken verbinden de gebieden, die honderden jaren door water werden gescheiden, zoals Noordholland en Friesland nu door middel van een dijk met elkaar zijn verbonden, die tevens de voormalige Zuiderzee scheidt van de Waddenzee. Ziet, wat menselijk vernuft vermag: veertien miljoen Nederlanders zijn tevreden met het land dat zij bewonen, hoe klein het ook is.

Pliny the Elder died satisfying his limitless curiosity in the fumes of Vesuvius' catastrophic eruption some nineteen centuries ago; his 'uninhabitable' Holland goes from strength to strength. The bridges (previous page, over the Lek at Vianen) and dams (above, the Afsluitdijk, which created the IJsselmeer) link and protect a population that has won a long struggle with nature. The old man would have approved.

Gaius Plinius Secundus ist jetzt schon neunzehn Jahrhunderte tot. Das Land, das er einst sah, gibt es noch immer. Und obwohl es noch zum grossen Teil unter dem Meeresspiegel liegt, hat sich viel verändert. Was geblieben ist, ist das Wasser, das Meer, der blaue Himmel mit dem endlosen Horizont. Doch über die Flüsse sind inzwischen Brücken gelegt worden, wie über den Lek bei Vianen (Seite 112) und Dämme und Deiche verbinden Gebiete, die Jahrhunderte durch Wasser getrennt wurden, der Abschlussdeich, der Nordholland mit Friesland verbindet, ist ein eindrucksvolles Beispiel (Seiten 110-111). Seht, was der menschliche Geist schaffen kann: Vierzehn Millionen Holländer fühlen sich glücklich in ihrem Land, so klein es auch sein mag.

Pline l'Ancien est mort depuis dix-neuf siècles déjà. Le pays qu'il visi existe toujours, mais il a bien chan gé, même s'il se trouve toujours e grande partie sous le niveau de la mer. Ce qui subsiste, c'est l'eau, la mer, le ciel bleu, l'horizon infini. M des ponts enjambent les rivières, comme par exemple le Lek près de Vianen (page 112); des barrages et des digues rapprochent aujourd'h des territoires isolés par les eaux puis des millénaires telles la Holla de septentrionale et la Frise reliées par une digue (pages 110-111), qui sépare l'ancien Zuiderzee de la me des Wadden. Voyez toute la puissa ce du génie humain: quatorze millions de Néerlandais sont contents du pays qu'ils habitent, aussi petit soit-il.

Over water, polders, molens, torens en nog veel meer

About water, polders, mills, towers and a lot more

Von Wasser, Poldern, Mühlen, Türmen und noch vielem mehr

Au sujet de l'eau, des polders,
des moulins, des clochérs et beaucoup d'autres choses

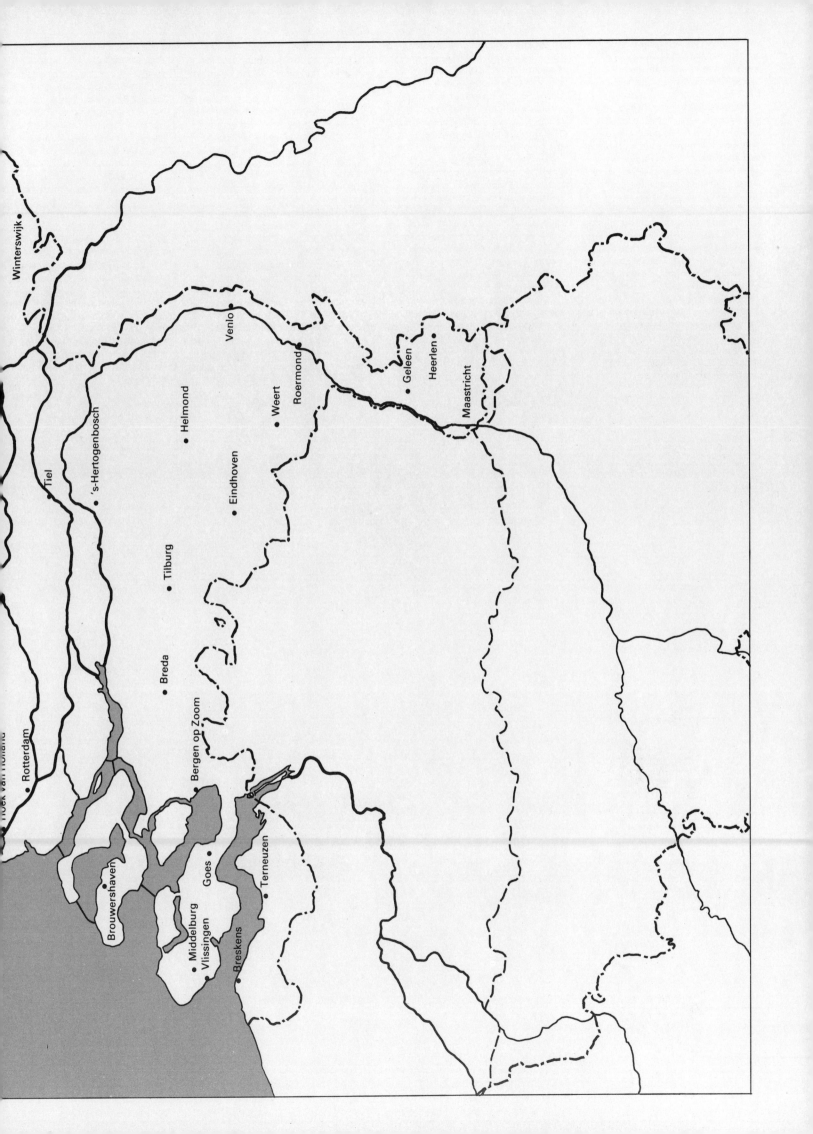

Lange tijd is het westelijk deel van Nederland alleen maar tegen de woeste invallen van de zee beschermd door een grillige rij duinen. Het door de wind gevormde duinlandschap wordt, als de mens niet ingrijpt, door dezelfde wind weer bedreigd. Een reeds jaren beproefde methode hiertegen is het inplanten van helmgras dat de weinig homogene massa zandkorrels door zijn lange wortels enigszins bij elkaar houdt en vanwege het feit dat de plant wind vangt, weer aanleiding geeft tot hernieuwde duinvorming. De duinen zijn niet alleen van belang als zeewering en als natuurgebied, maar worden sinds het begin van deze eeuw ook gebruikt als een reusachtig natuurlijk filter ten behoeve van de drinkwatervoorziening. Door lange buisleidingen wordt water uit de Rijn aangevoerd dat, na gefilterd te zijn in de tientallen meters dikke zandlagen, weer wordt opgepompt en als drinkwater in westelijk Nederland uit de kraan komt.

For a long time the only protection of the western part of the Netherlands against the fierce onslaught of the sea was provided by a belt of shifting dunes. The wind that shapes the dunescape is just as ready to destroy it again, failing human intervention. One method that has proved itself over the years is the cultivation of bentgrass, a deep-rooted plant that keeps the loose sand somewhat anchored and in addition acts as a wind-stop, stimulating the formation of more dunes. The dunes have additional functions, apart from forming an effective barrier against the sea. Thus they form an important natural conservation area. Furthermore, since the beginning of the century, the dunes have been used as a gigantic natural filter guaranteeing a constant supply of clean drinking water. Water from the Rhine is conveyed through kilometres of pipes to the dunes and then, having filtered through all the layers of sand, is pumped up again to emerge as drinking water from the taps in the western Netherlands.

Lange Zeit war der westliche Teil Hollands nur durch einen bizarren Dünengürtel gegen die Attacken des Meeres geschützt. Obwohl durch Wind entstanden, bedeutet der Wind gleichzeitig eine grosse Bedrohung für diese Sandlandschaft, und deshalb muss auch hier der Mensch wieder eingreifen. Eine seit Jahren bewährte Methode gegen Sandverwehungen ist das Anpflanzen von Strandhafer, der dem Sand durch seine langen Wurzeln einige Homogenität verleiht. Ausserdem trägt diese Pflanze durch ihre Funktion als 'Windfänger' wesentlich zur neuen Dünenbildung bei. Dünen sind nicht nur sehr wichtig als Seeschutz und Naturgebiet, sondern - seit Beginn dieses Jahrhunderts - auch als riesiger, natürlicher Trinkwasserfilter: durch lange Rohrleitungen wird Wasser aus dem Rhein angeführt, das, nachdem es durch die etwa zehn Meter dicken Sandlagen gesickert ist, wieder heraufgepumpt und im westlichen Teil Hollands verbraucht wird.

Voilà bien longtemps que l'Ouest Pays-Bas est uniquement protégé contre les assauts furieux de la m par une étrange ceinture de dunes Sans intervention humaine, les dunes seraient sans cesse menacées par ce même vent qui a contribué les former. Depuis des années déj l'homme remédie à cet inconvéni en plantant des oyats, qui contribuent à fixer le sable peu homogè grâce à leurs puissantes racines; e outre, le fait que les plantes donn prise au vent amène la formation nouvelles dunes. Les dunes ne rev tent pas uniquement de l'importa en tant que digues et réserves nat relles; depuis le début du siècle, e jouent aussi le rôle d'un énorme fi naturel pour l'approvisionnement eau potable. L'eau du Rhin, transportée par de longues canalisation est filtrée dans des couches de sa épaisses de plusieurs dizaines de mètres, puis pompée et dirigée ve les lieux habités des Pays-Bas occidentaux.

Het principe van duinvorming
The principle of dune formation
Das Prinzip der Dünenformung
Le principe de formation des dunes

Wat gebeurt er als de dijken, die Nederland beschermen tegen de zee, toch bezwijken? Deze foto geeft een antwoord op de veel gestelde vraag: het land verdrinkt. Dit is het dorp Nieuwerkerk op het Zeeuwse eiland Schouwen-Duiveland, tijdens de rampzalige nacht van de 31ste januari op 1 februari 1953 een der meest getroffen gebieden. Maar de foto is genomen twee maanden na die nacht en de toestand is nauwelijks veranderd, want het water staat nog altijd even hoog, het dorp is alleen per roeiboot te bereiken en de weinige bewoners die er nog zijn, bivakkeren op de zolders. En nog altijd wordt er gezocht naar vermisten. Wanneer zal het water zich terugtrekken? Dat kan pas als de dijken zijn hersteld en zolang dat niet het geval is heeft de zee er vrij spel. Nieuwerkerk nú is weer een gewoon Nederlands boerendorp, de schade is hersteld, de doden zijn begraven. Maar de herinnering aan de ramp blijft.

What happens if the dykes that defend the Netherlands against the sea do give way, after all? This photograph gives the answer to that often asked question: the land simply drowns. Here we see the village of Nieuwerkerk on the island of Schouwen-Duiveland in Zeeland, one of the areas that was hardest hit during the catastrophic floods on the night of 31 January and 1 February 1953. Two months after that night the level of the water was still up, the village was only accessible by rowing-boat and the few inhabitants who remained behind camped in their attics. Two months after, the search for those missing was still continuing. As for when the water would recede again, that depended on when the dykes were built up anew and until such time the sea had free rein. Today, Nieuwerkerk is once more a perfectly ordinary Dutch village; the damage has been repaired and the dead buried. Yet, the memory of that disaster lives on as strong as ever.

Was passiert, wenn die Deiche, die Holland vor der See beschützen, brechen? Dieses Foto gibt eine deutliche Antwort auf die viel gestellte Frage: das Land ertrinkt. Dies ist das Dorf Nieuwerkerk auf der seeländischen Insel Schouwen-Duiveland, während der katastrophalen Nacht vom 31.Januar/1.Februar 1953 eines der am schlimmsten heimgesuchten Gebiete. Das Foto ist erst zwei Monate nach der Katastrophe gemacht worden, aber es hat sich kaum etwas verändert: das Wasser hat immer noch die gleiche Höhe, das Dorf kann man nur mit dem Ruderboot erreichen, und die wenigen übriggebliebenen Bewohner hausen auf den Dachböden. Und immer noch wird nach Vermissten gesucht. Wann wird sich das Wasser zurückziehen? Erst dann, wenn die Deiche wiederhergestellt sind - bis dahin hat das Meer freies Spiel. Heute ist Nieuwerkerk wieder ein ganz gewöhnliches Bauerndorf, die Schäden sind behoben, die Toten begraben. Aber die Erinnerung wird immer bleiben.

Que se passe-t-il lorsque les digues, qui protègent les Pays-Bas des assauts de la mer, cèdent quand même? Cette photo fournit la réponse à cette question fréquemment posée: le pays est inondé. On y voit le village de Nieuwerkerk, sur l'île zélandaise de Schouwen-Duiveland, un des endroits les plus touchés durant la funeste nuit du 31 janvier au 1er février 1953. La photo a été prise deux mois plus tard, et la situation n'a guère changé: le niveau de l'eau n'a pas baissé, le village n'est accessible que par barques, les quelques habitants qui restent bivouaquent dans les combles. Et l'on cherche toujours les disparus. Quand la mer se retirera-t-elle? Lorsque les digues seront reconstruites, et tant que ce ne sera pas le cas, la mer aura beau jeu. Nieuwerkerk est aujourd'hui un village zélandais comme les autres, les dégâts sont réparés, les morts sont enterrés. Toutefois, chacun conserve le souvenir de cette catastrophe.

Na de stormramp van 1953 besloot de Nederlandse regering met spoed het Deltaplan uit te voeren teneinde Zeeland en de eilanden ten zuiden van Rotterdam te behoeden voor een herhaling van een dergelijke catastrofe. Bijgaand kaartje geeft schematisch aan, welke werken daarvoor nodig waren: afdamming van de grote zeegaten, zodat de zee niet meer tot diep in het land kan doordringen. Teneinde het door Rijn en Maas aangevoerde water toch een uitgang te blijven garanderen naar de Noordzee moest bovendien in de Haringvlietdam een enorme spuisluis worden gebouwd. Achter deze dammen zou dan een groot zoetwatergebied ontstaan, waardoor verdere verzilting van het landbouwareaal kon worden voorkomen. Maar tevens betekende dit, dat de mens met alle hem ten dienste staande middelen het bestaande milieu ingrijpend zou veranderen. Mede daarom is later besloten de Oosterschelde met een pijlerdam af te sluiten, zodat althans een deel van de bestaande flora en fauna, met name de oester- en mosselkwekerij, zich zal kunnen handhaven. Over de dammen zijn wegen aangelegd, waardoor deze eeuwenlang geïsoleerd liggende eilanden beter bereikbaar zijn geworden.

After the storm floods of 1953, the Dutch government decided to go ahead instantly with the Delta Plan, designed to protect Zeeland and the islands south of Rotterdam from a recurrence of such a disaster. The accompanying map schematically indicates the separate procedures involved. First, the bigger inlets of the sea had to be closed off by dams to prevent the water from ever again penetrating deeply into the land. Then, to give the rivers Rhine and Meuse access to the sea, giant floodgates were built into the Haringvlietdam. The new country created behind the enclosure dams would ultimately become one vast freshwater area where agriculture was safe from the effects of salt water. However, the Delta Plan also meant irreversible changes in the natural environment and ecology. Guided by this consideration, it was later decided that the Oosterschelde dam should have a pier construction, safeguarding at least part of the existing flora and fauna and the oyster and musselbeds in particular. Roads have been built on the dams making the islands which were so isolated throughout their history, accessible.

Nach der Sturmflutkatastrophe von 1953 gab die holländische Regierung dringliche Priorität an die Ausführung des Deltaplanes, der die Provinz Zeeland und die südlich von Rotterdam gelegenen Inseln vor der Wiederholung einer solchen Katastrophe bewahren sollte. Die abgebildete Karte zeigt, welche Arbeiten dafür nötig waren: Eindeichung der grossen Meerarme, um die See so weit wie möglich aus dem Land heraus zu halten. Um das Wasser des Rheines und der Maas in die Nordsee abführen zu können, musste in den Haringvlietdam eine gigantische Ablassschleuse eingebaut werden. Hinter den Deichen entstand dann ein grosses Süsswassergebiet, was einer weiteren Versalzung des Ackerlandes entgegenwirkte. Dies hat aber auch bedeutet, dass der Mensch mit allen ihm zur Verfügung stehenden Mitteln das bestehende Milieu grundlegend veränderte. Unter anderem diese Überlegung hat dazu beigetragen, die Oosterschelde später durch einen Pfeilerdamm abzuschliessen, um zumindest einen Teil der natürlichen Flora und Fauna, zum Beispiel die Austern- und Muschelbänke, erhalten zu können. Über die Dämme wurden Wege angelegt, wodurch die seit Jahrhunderten isolierten Inseln besser erreichbar wurden.

Après le raz de marée de 1953, le gouvernement néerlandais a décidé de mettre rapidement à exécution le plan Delta, afin de préserver la Zélande et les îles situées au sud de Rotterdam d'une nouvelle catastrophe de cette ampleur. La carte ci-contre montre d'une façon schématique les travaux mis en œuvre: barrage des grands bras de mer pour que celle-ci ne puisse plus pénétrer trop loin dans les terres. Afin de laisser s'écouler vers la mer du Nord le trop plein des eaux amenées par le Rhin et la Meuse, il fallut en outre construire une énorme écluse de chasse le Haringvlietdam. Derrière ces digues sera ainsi créée une grande étendue d'eau douce, qui fournira par la suite des terres cultivables exemptes de toute teneur en sel. Mais cela signifie aussi que l'homme avec tous les moyens à sa disposition, va modifier radicalement le milieu existant. C'est pourquoi on a aussi décidé de fermer l'Escaut oriental par une digue permettant de préserver au moins une partie de la flore et de la faune, notamment les parcs à huîtres et à moules. Des routes ont été construites sur les digues, de telle sorte que ces îles isolées depuis des siècles sont devenues plus accessibles.

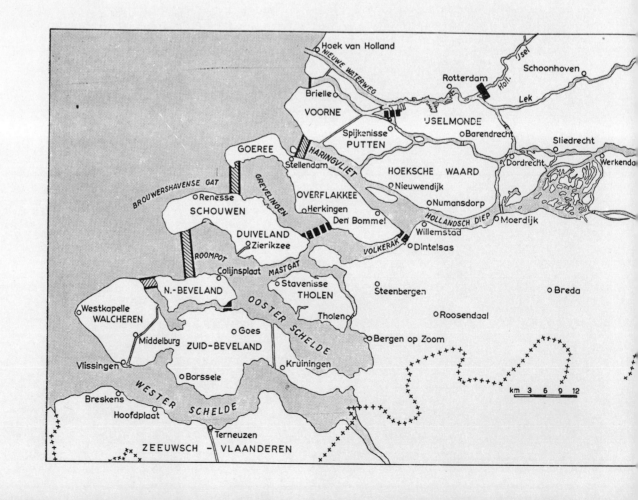

In het waterrijke Nederland is vanouds de scheepsbouw uiteraard intensief toegepast, maar van de historie is weinig bekend. In 1930 werd in de omgeving van Utrecht een nog vrij gaaf vaartuig opgegraven, dat van omstreeks het jaar 800 dateert, 18 meter lang, vier meter breed, voorzien van een tien centimeter dikke kielplank, gehakt uit een eikeboom. Waarschijnlijk hebben de oudste scheepsbouwers de open zeilschepen, waarmee de Noormannen de Friese, Hollandse en Vlaamse kusten onveilig maakten, later als voorbeeld genomen en daaruit de rondgebouwde tjalk ontwikkeld, die met zijn platte bodem in het bijzonder geschikt was om in ondiep water te worden gebruikt. Het roer dateert van de 12de eeuw en de tjalk kreeg ook weldra zijzwaarden, waardoor de zeileigenschappen van deze kielloze schepen aanzienlijk werden verbeterd. De tjalk werd dan ook het meest verbreide vrachtschip in Holland en Friesland, niet alleen voor de binnenvaart, want met zeetjalken, die nauwelijks enkele honderden tonnen groot waren, voeren de schippers zelfs naar Zuid-Amerika of Zuid-Afrika. Bijgaande afbeeldingen zijn van de tekenaar G. Groenewegen en dateren uit 1789. De kraak onderscheidt zich van de tjalk door zijn lange, platte bouw en zijn rechte voorsteven. Dit type is nu geheel verdwenen, maar de tjalk is een nog veel gezien scheepstype op de Nederlandse wateren.

In the water-rich Netherlands shipbuilding has been a traditional occupation, although little is known of its early beginnings. In 1930 a vessel was excavated near Utrecht which was in fairly good condition, dated from c. A.D. 800 and measured 18 metres from prow to stern and four metres across. The keelboard is ten centimetres thick, hewn from a single oak. In all probability the earliest shipbuilders took the open sailing galleys used by the Normans for forays on Frisia, Holland and Flanders as a basic model for the rounded 'tjalk', a flat-bottomed vessel particularly suited to sailing in shallow waters. The rudder was added in the twelfth century and, a little later, the 'tjalk's' manoeuvrability was further improved with side leeboards. Soon, the tjalk was the commonest cargo boat of Holland and Frisia; moreover, it was not confined to the inland waterways because sea-going 'tjalks' of barely a few hundred tons would carry the merchants as far afield as South America or South Africa. These illustrations are by the draftsman G. Groenewegen and are dated 1789. A 'kraak' differs from a 'tjalk' in being of a longer, flatter construction with a straight stem. This type is now entirely extinct but 'tjalks' are still quite numerous in Dutch waters.

Im wasserreichen Holland wurde seit altersher intensiv das Schiffsbau-Handwerk betrieben, über seine geschichtlichen Anfänge ist jedoch wenig bekannt. Im Jahre 1930 wurde in der Umgebung von Utrecht ein noch ziemlich gut erhaltenes Schiff ausgegraben, das ungefähr aus dem Jahre 800 stammt: es ist 18 Meter lang, 4 Meter breit und besitzt eine 10 cm dicke, aus Eiche gefertigte Kielplanke. Die frühen Schiffsbauer haben sich wahrscheinlich an jenen offenen Segelschiffen ein Beispiel genommen, mit denen die Normannen die friesische, holländische und flämische Küste unsicher machten. Daraus haben sie später die 'Tjalk' entwickelt, ein Schiff mit flachem Kiel, das besonders für untiefe Gewässer geeignet war. Das Ruder datiert aus dem 12.Jahrhundert, und sehr bald bekam die 'Tjalk' auch die für sie so typischen Seitenschwerter, wodurch Stabilität und Segeleigenschaften dieses flachbodigen Schiffes beträchlich verbessert wurden. Die 'Tjalk' wurde dann auch das am meisten verbreitete Frachtschiff in Holland und Friesland, und das nicht nur für die Binnenschiffahrt: Mit Schiffen von nur einigen hundert Tonnen fuhren Kapitäne sogar nach Afrika und Südamerika. Die Abbildungen stammen aus der Hand des Zeichners G. Groenewegen und datieren aus 1789. Die 'Kraak' unterscheidet sich von der 'Tjalk' durch den langgestreckten, flachen Bau und den geraden Vordersteven. Dieser Typ ist jetzt ganz verschwunden, die 'Tjalk' dagegen noch ein viel gesehenes Schiff auf holländischen Gewässern.

Dans ce pays éminemment maritime, la construction navale déploie depuis très longtemps une activité intensive, mais on connaît mal son histoire. En 1930, on mit à jour, dans les environs d'Utrecht, un navire relativement bien conservé, qui date de l'an 800 environ; long de 18 m et large de 4, il est pourvu d'une quille épaisse de 10 cm, taillée dans un chêne. Les anciens constructeurs de navires prirent apparemment exemple sur les voiliers ouverts, avec lesquels les Normands menaçaient les côtes frisonnes, hollandaises et flamandes; ils en dérivèrent la galiote qui, avec son fond plat, était tout particulièrement apte à naviguer en eau peu profonde. L'invention du gouvernail date du XIIe siècle. La galiote fut bientôt équipée de dérives latérales, ce qui améliora considérablement les propriétés voilières de ces bâtiments dépourvus de quille. Elle devint alors le navire marchand le plus répandu en Hollande et en Frise, mais pas seulement pur le trafic intérieur: les marins ralliaient jusqu'à l'Amérique du Sud ou l'Afrique du Sud sur des vaisseaux qui jaugeaient à peine quelques centaines de tonnes. Les illustrations ci-jointes sont dues au dessinateur G. Groenewegen et datent de 1789. Le «kraak» se distingue de la galiote par sa longue silhouette aplatie et sa proue droite; ce type de bateau a totalement disparu aujourd'hui, tandis que la galiote fait encore partie du paysage maritime des Pays-Bas.

Kraak

Tjalk

Wie boven het Nederlandse polderland vliegt zal worden getroffen door de talrijke kaarsrechte sloten en vaarten, die het polderland doorsnijden. Zij zijn onontbeerlijk om het laag gelegen gebied droog te houden, want van natuurlijke afvloeiing van het overtollige water kan geen sprake zijn. Eeuwenlang was men voor dat droog houden aangewezen op windmolens, die op regelmatige afstand van elkaar op de dijken werden gebouwd, die de polders omringen. Zij pompten het water uit de sloten en vaarten in een om de gehele polder aangelegde ringvaart, die weer in verbinding stond met open water. Hoe groter de polder, hoe meer molens er nodig waren voor de waterbeheersing. Soms lag bovendien de polder zo diep, dat het water trapsgewijs moest worden opgepompt teneinde het hoogteverschil te overbruggen. Later, toen eerst stoommachines, vervolgens diesel- en elektromotoren de taak van de molens gingen overnemen, werd dit alles wel wat gemakkelijker, maar in principe veranderde er niet zo veel. Hier en daar werden nog wel molens gebruikt om het water weg te pompen, maar de meeste die er nog staan zijn museumstukken geworden, die met zorg worden behoed voor verval. De tekening onder aan de bladzijde geeft een schematisch beeld van getrapte polderbemaling: het water verzamelt zich in de sloten (a) en vaarten (b) en bereikt via het gemaal (A) de ringvaart (d), waarna gemaal (A2) ervoor zorgt dat het water nog hoger komt, zodat het via gemaal (A3) op de zee (g) kan worden geloosd.

Flying over the Dutch polders, one is immediately struck by the countless ditches and canals that run straight as arrows, intersecting the polder landscape. These waterways are indispensible for keeping these low-lying areas dry since there is no natural drainage to carry off superfluous water. For centuries the system was maintained by windmills placed at regular intervals along the dykes encircling the polders. The windmills powered pumps which drew the water from the ditches and canals into a larger waterway that surrounded the entire polder and connected with the open water. The larger the polder, the more mills were needed to keep the water under control. Sometimes, moreover, the polder was so deep that the water had to be pumped up in stages to bridge the difference in level. Later, as steam machines and eventually diesel and electricity-driven motors took over, the whole operation became easier and smoother. Basically, however, the principle remained unchanged. Every now and then, one can still find mills being used to pump water but most of the ones that remain have become museum pieces, carefully maintained and protected against decay. Below, we see a step by step plan of polder milling: water collects in the ditches and canals (a and b), is pumped (A) into the encircling waterway (d) after which the level is raised by pumping (A2) so that the water can be pumped (A3) into the sea (g).

Wer aus dem Flugzeug heraus die holländische Polderlandschaft betrachtet, dem fallen zunächst die unzähligen Kanäle und Wassergräben auf, die schnurgerade, wie mit dem Lineal gezogen, das Land durchschneiden und sich im Dunst des Horizonts verlieren. Dieses Kanalsystem ist lebenswichtig und unentbehrlich für die Trockenhaltung des unter dem Meeresspiegel liegenden Polderlandes, denn es gibt für überschüssiges Wasser keine natürliche Abflussmöglichkeit. Jahrhundertelang hat man für die Trockenhaltung Windmühlen benutzt, welche in regelmässigen Abständen auf den die Polder umgebenden Deichen standen. Sie hatten die Aufgabe, das Wasser aus Gräben und Kanälen in einen den ganzen Polder umschliessenden Ringkanal zu pumpen, welcher mit dem offenen Wasser Verbindung hatte. Je grösser der Polder, desto mehr Mühlen waren zur Wasserregulierung notwendig. Manche Polder lagen so tief, dass der Höhenunterschied nur durch ein treppenförmiges Pumpsystem zu überbrücken war. Später, als zunächst die Dampfmaschine und danach Diesel- und Elektromotor die Funktion der Mühle übernahmen, wurde alles viel einfacher, aber im Prinzip hat sich nicht viel verändert. Vereinzelte Mühlen sind zwar auch heute noch in Gebrauch, doch die meisten sind jetzt Museumsstücke geworden, welche sorgfältig vor dem Verfall bewahrt werden. Die Zeichnung unten vermittelt eine schematische Wiedergabe eines gestaffelten Pumpsystems: Das Wasser sammelt sich in den Gräben (a) und Kanälen (b) und erreicht durch die Pumpe (A) den Ringkanal (d), ein zweites Pumpwerk (A2) bringt das Wasser auf ein noch höheres Niveau, von dort aus transportiert eine weitere Pumpe (A3) das Wasser ins Meer (g).

Quiconque survole les polders néerlandais est frappé par les innombrables fossés et canaux tracés au cordeau qui rompent la monotonie du paysage. Ils sont indispensables pour maintenir l'assèchement de ces terres basses, car il ne peut être question d'un écoulement naturel des eaux superflues. Pendant des siècles, l'homme a confié ses problèmes de pompage aux moulins, construits à intervalles réguliers sur les digues entourant les polders. Ils pompaient l'eau des fossés et canaux pour la déverser dans un canal circulaire ceinturant l'ensemble du polder et lui-même en liaison avec les eaux libres. Plus le polder était grand, plus les moulins devaient être nombreux. En outre, le polder était parfois situé si bas, que l'eau devait être pompée par paliers. Par la suite, lorsque les machines à vapeur, puis les moteurs diesel, et enfin les pompes électriques prirent le relais des moulins, tout ceci devint beaucoup plus facile, mais sans grandes modifications de principe. Certains moulins servent encore ici et là à pomper l'eau, mais la plupart de ceux qui subsistent sont devenus des musées, conservés avec beaucoup de soin. Le dessin du bas de la page donne une idée schématique de l'assèchement d'un polder: l'eau, recueillie dans les fossés (a) et canaux (b), est dirigée, par l'intermédiaire d'une pompe (A) vers le canal circulaire (d); une autre pompe (A2) empêche l'eau de dépasser un certain niveau, afin qu'elle puisse être déversée dans la mer (g) par l'intermédiaire d'une troisième pompe (A3).

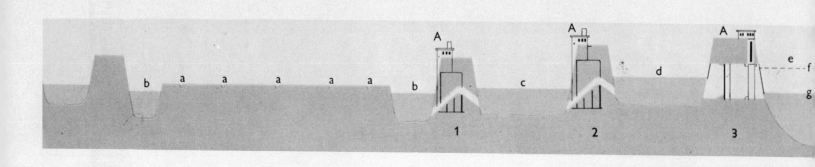

De Zuiderzee was eeuwenlang een weliswaar ondiepe, maar druk bevaren binnenzee met talrijke welvarende handelssteden langs de kust. Maar het omliggende land werd voortdurend door die enorme waterplas bedreigd, vooral wanneer bij noordwesterstorm het water uit de Noordzee in deze kom werd opgestuwd. Vandaar dat tenslotte besloten werd de zee af te dammen met een lange afsluitdijk (zie pag. 112) en het grootste deel van wat voortaan IJsselmeer zou heten in te polderen. Dat werk is nu voltooid - men heeft er ongeveer een halve eeuw aan gewerkt - op de Markerwaard na. De zuidelijke polders worden van het 'oude' land gescheiden door randmeren, die vooral een recreatieve functie hebben. Lang niet al het nieuwe land is voor landbouwcultuur bestemd: zuidelijk Flevoland zal bijvoorbeeld voor een groot deel woonbestemming krijgen, vooral voor Amsterdammers, die tengevolge van de stadsvernieuwing moeten verhuizen. Twee geheel nieuw gebouwde steden in dit gebied zijn: Lelystad en Almere.

For many centuries the Zuiderzee was a shallow but nevertheless intensely busy inland sea with numerous prosperous mercantile cities situated along the coast. However, this large expanse of water constituted a permanent threat to the surrounding countryside, especially during northwest storms when the North Sea waters were swept in. Hence the decision was made to dam off the sea with a long enclosure dyke (see p. 112) and to convert the major part of what was to be known as the IJssel Lake into polderland. The work has now been completed - apart from Markerwaard - after a half century of effort. The polders in the south are separated from 'old' land by a series of lakes serving mainly recreational purposes. Not all of this newly created land is destined for agriculture. Flevoland in the south, for instance, will be largely residential and house many people from Amsterdam who will need resettlement as a result of urban renewal. Two entirely newly built towns in this area are Lelystad and Almere.

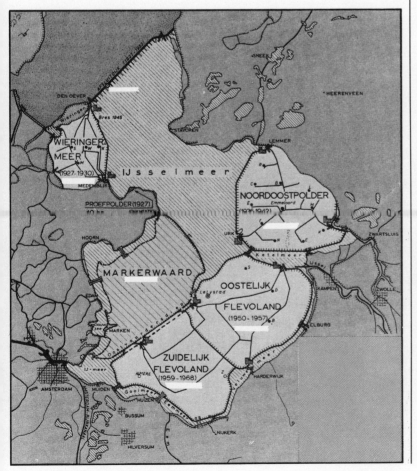

Jahrhunderte war die Zuiderzee ein zwar untiefes, aber sehr stark befahrenes Binnenmeer, an dessen Küste zahlreiche wohlhabende Handelsstädte lagen. Das umliegende Land wurde ständig durch diese enorme Wasserfläche bedroht, besonders dann, wenn bei Nordwester-Sturm sich das aus der Nordsee einströmende Wasser in diesem Meeresbecken aufstaute. Um dieser Gefahr Einhalt zu gebieten beschloss man, das Meer mit einem langen Abschlussdeich einzudämmen und den grössten Teil des durch die Abschliessung entstandenen IJsselmeeres einzupoldern. Man hat daran ungefähr ein halbes Jahrhundert gearbeitet, und bis auf die Einpolderung des Markerwaards sind die Arbeiten jetzt abgeschlossen. Die südlichen Polder sind vom 'alten' Land durch Randseen getrennt, welche heute vor allem touristisch genutzt werden. Das neue Land ist auch nicht nur für landwirtschaftliche Nutzung vorgesehen: das südliche Flevoland zum Beispiel geht seiner Bestimmung als Wohngebiet entgegen, hauptsächlich um Menschen aus dem Grossraum Amsterdam aufzufangen. Zwei grössere 'Städte aus der Retorte' gibt es in diesem Gebiet schon: Lelystad und Almere.

Le Zuiderzee fut pendant des siècles une mer intérieure, peu profonde certes, mais sillonnée par une navigation intense reliant les nombreuses cités prospères qui jalonnaient son littoral. Toutefois, le pays environnant était sans cesse menacé par cette gigantesque lagune, surtout lorsqu'une tempête du nord-ouest repoussait les eaux de la mer du Nord dans ce cul-de-sac. C'est pourquoi on décida d'isoler cette mer au moyen d'une longue digue de fermeture (voir p. 112), et de transformer en polders la majeure partie de ce qui s'appellerait désormais le lac de l'IJsel ou l'IJselmeer. Cette tâche est maintenant accomplie - après un demi-siècle d'efforts -, à l'exception du Markerwaard. Les polders méridionaux sont encore séparés des «anciennes» terres par des étendues d'eau, qui remplissent essentiellement une fonction récréative. Ces nouvelles terres sont cependant loin d'être exclusivement agricoles. Le Sud du Flevoland, par exemple, sera pour une grande part aménagé en zone résidentielle, destinée notamment aux Amstellodamois contraints de déménager en raison de la rénovation urbaine. Lelystad et Almere sont deux villes nouvelles construites dans cette région.

122

De boer in Nederland heeft gedurende de laatste jaren veel van zijn terrein moeten prijsgeven, maar landbouw en veeteelt vormen nog altijd een zo belangrijk onderdeel van de nationale economie, dat hij zich desondanks wel weet te handhaven. Op het platteland in het oosten en zuiden des lands vindt men nog heel wat kleine boeren met een zg. gemengd bedrijf: ze zijn veehouders, maar daarnaast verbouwen ze graan, aardappelen, suikerbieten, enz. Zeer grote, moderne boerenbedrijven vindt men in het noorden des lands en in de nieuwe polders. In het zuiden van Limburg treft men een boerderijtype aan, dat nog teruggaat op de Romeinse bouwstijl (onder links), de gesloten hoeve met een ruime binnenhof. In Holland en Friesland vindt men de zg. stolphoeve, waarbij alle benodigde ruimten onder één dak zijn verzameld. Het woonhuis staat dan wel meestal apart van de boerderij, maar is daarmee door middel van een gang verbonden (beneden midden). Een bescheidener indruk maakte het gangbare boerderijtype in het oosten des lands, waarvan de constructie nog herinnert aan het eeuwenoude halle- of Saksische huis, waarbij alle ruimten samengebracht: de stallen voor het vee, de hooiopslag, maar ook het woongedeelte voor het gezin (beneden rechts).

Over the last few years farmers in the Netherlands have had to make quite a few concessions. Nevertheless, agriculture and dairy farming are so important in the national economy that, by and large, farming as an industry more than holds its own. In the rural areas of the east and south parts of the country there are still plenty of farmers practising mixed farming on small holdings; they keep cattle and also grow wheat, potatoes, sugar beet, etc. Very modern large farms are found in the north and in the new polders. In the south of Limburg, a type of farmstead (below left) is found whose closed-off plan and spacious courtyard is based on Roman architecture. A 'stolphoeve' in Holland and Frisia combines all the necessary work areas and facilities under one roof; farm and living quarters are generally separated but linked by a corridor (bottom centre). Rather more modest in scope are the sort of farmhouses commonly found in the eastern part of the country (bottom right). A construction still reminiscent of the ancient Saxon hall with everything accommodated under a single roof: stables for the cattle, the hayloft but also the family's living quarters.

Der holländische Bauer hat zwar in den letzten Jahren viel Landbaugebiet verloren, aber weil Ackerbau und Viehzucht noch immer einen ganz wesentlichen Bestandteil der Nationalökonomie darstellen, kann er sich noch immer ganz gut behaupten. Auf dem flachen Land des Ostens und Südens gibt es noch zahlreiche kleine Bauern mit sogenannten gemischten Betrieben: Es sind Viehhalter, die ausserdem noch Getreide, Kartoffeln und Zuckerrüben anbauen. Die grossen und sehr modernen Landwirtschaftsbetriebe liegen in den nördlichen Provinzen und den neuen Poldern. Im Süden Limburgs findet man einen Bauernhoftyp, dessen Baustil in römische Zeit zurückdatiert (unten links): ein geschlossenes Gehöft mit ausgebreitetem Innenhof. Für die Provinzen Nord-Holland und Friesland ist der sogenannte 'Stolphof' typisch, bei dem sich Stallungen und Arbeitsräume unter einem Dach befinden. Das Wohnhaus steht etwas entfernt von den Ställen, ist aber durch einen Gang mit ihnen verbunden (unten Mitte). Einen etwas einfacheren Eindruck macht der im Osten Hollands geläufige Hoftyp, seine Konstruktion erinnert an das jahrhundertealte sächsische Hallenhaus, in dem alles unter einem Dach war: Viehställe, Heuboden und der Wohntrakt der Familie (unten rechts).

Aux Pays-Bas, le fermier a dû rencer à une bonne partie des terres cultivées au cours des dernières années, mais l'agriculture et l'élevage constituent toujours une branche importante de l'économie nationale que son niveau de vie reste élevé. Les basses terres de l'Est et du S rassemblent pas mal de petits paysans travaillant sur une exploitation mixte: ils associent l'élevage bétail à la culture des céréales, de pommes de terre, des betteraves, etc. C'est dans le Nord du pays, e sur les nouveaux polders, que l'o rencontre les grandes exploitatio modernes. Dans le Limbourg méridional, on retrouve des fermes d' type remontant à l'époque romai (en bas à gauche): enceinte ferm avec une vaste cour intérieure. En Hollande et en Frise, les fermes s «en cloche»: tous les espaces sor regroupés sous un seul toit. Le lo est alors souvent distinct de la fe à laquelle il n'est relié que par un galerie (en bas au milieu). D'apparence plus modeste, la ferme d l'Est du pays rappelle l'antique maison saxonne, qui rassemblait sous un seul toit les bâtiments ut taires (étable, grange, fenil) et les pièces d'habitation (en bas à droi

Het houden van rundvee is sedert mensenheugenis één van de belangrijkste middelen van bestaan geweest. Al in de oertijd graasden er in de lage landen langs de Noordzee grote kudden runderen: de wisenten, de Europese variant van de Amerikaanse bison. De melk en het vlees waren voor de mens van een dergelijk belang dat hij ermee is gaan fokken om niet alleen hun aantal te vergroten, maar vooral om de melk- en de vleesproduktie op te voeren. In Friesland en Holland ontwikkelde zich het Zwartbonte Friesevee (links: stier en koe), wereldberoemd om de grote melkopbrengst en in het oostelijk gedeelte van Nederland ontstond het Roodbonte IJsselvee (rechts: stier en koe), dat meer voor de vleesproduktie wordt gehouden. Door de hoge kwaliteit die men heeft weten te bereiken, is het Nederlandse vee een belangrijk exportartikel en vindt men Nederlandse runderen tot in de verste uithoeken van de wereld.

Animal husbandry has been basic to human existence for as long as history itself. As far back as prehistoric times, herds of wisent, sometimes known as aurochs, an European version of the American bison, roamed the low countries by the North Sea. The milk and flesh these yielded became so important that man began to breed cattle not just to enlarge their herds but, more important, to increase milk and meat production. In Friesland and Holland the result of this development was the black and white spotted Frisian cattle (left: bull and cow), world renowned for its large milk yield. The red and white spotted IJssel cattle (right: bull and cow), is more suitable for meat production. As a result of its high quality, Dutch cattle has become a significant export product and Dutch breeds can be seen in the furthest corners of the world.

Rindviehhaltung ist seit urdenklichen Zeiten eine der wichtigsten Grundlagen menschlicher Existenz gewesen. Schon in prähistorischer Zeit grasten in den niederen Landen entlang der Nordsee grosse Rinderherden: Wisente, die europäische Variante des amerikanischen Bisons. Milch und Fleisch waren für den Menschen von dermassen grosser fundamentaler Bedeutung, dass er mit der Viehzucht begann, die seine zukünftigen Nahrungsbeschaffungs-Probleme zu lösen mithalf. In Friesland und Holland entwickelte sich das schwarzbunte friesische Vieh (links: Stier und Kuh), weltberühmt wegen seiner hohen Milchproduktion, im östlichen Teil der Niederlande entstand das rotbunte IJssel-Vieh (rechts: Stier und Kuh), das wegen seines hohen Fleisch-Ertrages gehalten wird. Der hohe Qualitätsgrad, den die Zucht erreichen konnte, macht holländisches Vieh zu einem wichtigen Exportartikel, und man findet es deshalb heute auch in allen Teilen der Erde.

L'élevage du gros bétail représente, de mémoire d'homme, un des plus importants moyens de subsistance. Dans les temps primitifs déjà, de grands troupeaux de bovidés paissaient sur les basses terres longeant la mer du Nord: les bisons d'Europe. Le lait et la viande revêtent une telle importance pour l'homme qu'il a non seulement veillé à augmenter son cheptel, mais surtout à accroître la production de ces deux produits. En Hollande et en Frise, les éleveurs ont développé la race frisonne pie-noire (à gauche: taureau et vache), renommée dans le monde entier pour son rendement en lait; l'Est du pays s'est spécialisé dans la race pie-rouge de l'IJsel (à droite: taureau et vache), principalement élevée pour sa viande. Grâce à la haute qualité développée par les éleveurs, le bétail néerlandais constitue un produit d'exportation important; l'on trouve des bovins des Pays-Bas jusque dans les pays les plus lointains.

Nederland is een land van kerken en dus van torens en omdat er geen land ter wereld is met zoveel kerkgenootschappen met elk haar eigen bedehuis ziet men, waar men het oog ook wendt, stompe, spitse, hoge, fraaie en lelijke torens oprijzen uit het geboomte of hoog boven de stedelijke bebouwing uit. De grootste en monumentaalste der renaissancekerken staat in Amsterdam: de Westerkerk, gebouwd in de jaren 1620-1631 naar een ontwerp van Hendrick de Keyser. De slanke toren - 83 meter hoog - werd in 1638 voltooid en beheerst nog altijd in wijde omtrek het stadsbeeld, bekroond met de 'gouden' keizerskroon, die keizer Maximiliaan van Oostenrijk aan het Amsterdamse stadswapen schonk. Ter hoogte van het uurwerk bevindt zich het carillon, dat het joodse meisje Anne Frank in haar schuilplaats vlak bij de kerk tijdens de Tweede Wereldoorlog troost en bemoediging schonk. In de kerk zijn Rembrandt en zijn zoon Titus begraven.

The Netherlands is a country of churches and thus, steeples. No other country in the world has so many different religious communities and denominations, each with its own church or churches. So it is scarcely surprising that wherever one goes one sees towers and steeples - flat, pointed, high, beautiful or ugly as the case may be - rising above the trees or dominating the city vistas. The biggest and most monumental of the great Renaissance churches is the Westerkerk in Amsterdam, built 1620-1631 after a plan by Hendrick Keyser. Its delicate steeple, completed in 1638, is 83 metres high and surmounted by the golden imperial crown which the Emperor Maximilian granted to the city arms of Amsterdam, continues to dominate the surrounding cityscape. During the Second World War the chimes of the carillon, housed on the same level as the time mechanism, gave comfort and cheer to Anne Frank, the Jewish schoolgirl, concealed within its shadow. Rembrandt and his son, Titus, are both buried in the Westerkerk.

Holland ist auch das Land der Kirchen, und weil es keine andere Nation auf der Welt mit so vielen Glaubensgemeinschaften gibt, von der jede ihr eigenes Gotteshaus besitzt, trifft man überall auf Kirchtürme: stumpfe, spitze, hohe, schöne und hässliche Türme überragen Stadt- und Landschaftsbild. Die grösste und monumentalste aller Renaissance-Kirchen steht in Amsterdam. Es ist die Westerkerk, erbaut in den Jahren 1620-1631 nach einem Entwurf von Hendrick de Keyser. Der schlanke Turm - 83 Meter hoch - wurde im Jahre 1638 vollendet und beherrscht auch heute noch in weitem Umkreis das Stadtbild. Auf seiner Spitze befindet sich die 'Goldene Kaiserkrone', die Kaiser Maximilian von Österreich dem Stadtwappen von Amsterdam schenkte. Auf der Höhe des Uhrwerks befindet sich das Glockenspiel, welches dem jüdischen Mädchen Anne Frank während der Nazi-Besetzung in seinem Versteck Trost und Ermutigung gab. In der Westerkerk sind Rembrandt und sein Sohn Titus begraben.

Les Pays-Bas sont une terre d'églises, et donc de clochers. Aucun pays au monde ne rassemble autant de communautés religieuses ayant chacune sa propre maison de prière; où que le regard s'arrête, on y aperçoit des clochers massifs ou élancés, hauts ou bas, jolis ou laids, dressés en pleine campagne ou dominant les toits des villes. La plus grande et la plus monumentale des églises Renaissance se trouve à Amsterdam, la Westerkerk (ou Eglise de l'Ouest), construite dans les années 1620-1631 d'après les plans de Hendrick de Keyser. Son clocher élancé et haut de 83 m, achevé en 1638, domine encore à la ronde le paysage urbain. Il porte la couronne impériale, conférée par Maximilien d'Autriche aux armes de la ville d'Amsterdam. A hauteur de l'horloge se trouve le carillon, qui apportait consolation et encouragement à Anne Frank, la petite Juive cachée dans un grenier proche durant la seconde guerre mondiale. L'église renferme le tombeau de Rembrandt et de son fils Titus.

Samenvallend met de vrijmaking van Spanje, laat in de 16de eeuw, begon in Nederland de hervorming vaste voet te krijgen. Veel kerken werden ontdaan van hun rooms-katholieke beelden en schilderingen en werden ingericht voor de calvinistische eredienst. Reeds in de beginjaren, ondanks het feit dat de Nederlands hervormde kerk tot Staatskerk was verklaard, namen de afsplitsingen een aanvang. Een voorname reden om zich af te splitsen vond men reeds in de uitleg van een bepaalde bijbeltekst. Deze seperatistische stromingen hebben lange tijd doorgezet en ertoe geleid dat er perioden zijn geweest dat er zelfs zo'n 60 variaties bestonden om een op hetzelfde calvinisme gestoeld geloof te belijden. Gelukkig is de Nederlander over het algemeen een ruimdenkend mens en is er al die eeuwen lang een grote vrijheid gebleven voor diegenen die een andere godsdienst aanhingen. Zo heeft Nederland van oudsher een grote joodse gemeenschap geherbergd die er prachtige synagogen op na hielden. Was het katholicisme in de Noord-Nederlanden aanvankelijk verdrongen, het bleef, oogluikend toegestaan in schuilkerken, bestaan. Toen in het midden van de 19de eeuw Nederlands hervormd als staatsgodsdienst werd afgeschaft, werd het de katholieken weer toegestaan nieuwe kerkgebouwen op te richten. De huidige situatie in Nederland komt erop neer dat ongeveer 1/3 van de bevolking Nederlands hervormd of gereformeerd is, 1/3 rooms-katholiek, 1/9 een andere godsdienst aanhangt en 2/9 er helemaal geen godsdienst op na houdt.

Coincidentally with independence from Spain, the Reformation began to establish itself in the Netherlands towards the end of the sixteenth century. Large numbers of churches were stripped of their Roman Catholic statues and paintings and rearranged for Calvinist worship. Despite the fact that the Dutch Reformed Church was declared the official state religion of the new republic, sectarianism was rife almost from the very start. One of the commonest reasons for breaking away was disagreement with the interpretation of a particular scriptural text or passage. This schismatic trend continued for so long that there were periods when some sixty variations of Calvinism were being practised at the same time. Fortunately, the Dutch are a generally tolerant people and so, during the course of the centuries, comparative lenience towards followers of other religions was the rule. For instance, the Netherlands by tradition harboured a big Jewish community which built itself splendid synagogues. Although Catholicism was initially suppressed in the northern Netherlands, it persisted, recognised if unacknowledged, in semi-secrecy. In the middle of the nineteenth century, the Dutch Reformed Church ceased to be the state religion and, in consequence, Roman Catholics were once again allowed to erect new churches. Currently, the position of the curches in the Netherlands is: 1/3 Dutch Reformed or Calvinist; 1/3 Roman Catholic; 1/9 other religions; 2/9 none.

Gleichzeitig mit der Befreiung von Spanien, im späten 16.Jahrhundert, fasste die Reformation Fuss in Holland. Der Bildersturm veränderte viele katholische Kirchen, die in calvinistische Gotteshäuser umfunktioniert wurden. Doch schon in den Anfangsjahren, trotz der zur Staatskirche erklärten reformierten Kirche, begannen die ersten kirchlichen Abspaltungen. Ein verschieden ausgelegter Bibeltext war zu der Zeit schon Grund genug, um sich abzusondern. Diese separatistischen Strömungen haben sehr lange gedauert, und es gab Zeiten, wo man 60 verschiedene calvinistische Glaubens-Varianten zählen konnte. Glücklicherweise war Holland immer schon tolerant, und die Glaubensfreiheit hat eine jahrhundertealte Tradition. So hat Holland seit altersher eine grosse jüdische Glaubensgemeinschaft, die prächtige Synagogen besass. Wenn der Katholizismus in Nord-Holland auch anfänglich verdrängt wurde, lebte er doch, augenzwinkernd gestattet, in versteckten Kirchen fort. Und als man in der Mitte des 19.Jahrhunderts die reformierte Kirche als Staatskirche abschaffte, wurde den Katholiken wieder erlaubt, neue Kirchen zu bauen. Gegenwärtig sind etwa 1/3 der holländischen Bevölkerung protestantisch, 1/3 römisch-katholisch, 1/9 gehören diversen Glaubensrichtungen an und 2/9 sind nichtkirchlich.

A la fin du XVIe siècle, alors que les Pays-Bas s'affranchissaient de l'autorité espagnole, la Réforme commençait à prendre pied dans le pays. De nombreuses églises furent débarrassées de leurs statues et ornements catholiques, et réaménagées pour le culte calviniste. En dépit du fait que l'Eglise Réformée des Pays-Bas fut déclarée Eglise d'Etat, les dissensions surgirent dès l'origine. D'aucuns trouvèrent déjà une raison essentielle de se distancier de cette doctrine dans l'interprétation de tel ou tel texte biblique. Ces courants séparatistes se sont affirmés, et à certaines époques il n'existait pas moins de soixante croyances religieuses fondées sur le seul calvinisme. Heureusement, le Néerlandais a surtout des idées larges, et il a toujours existé une grande liberté pour les adeptes d'autres religions. C'est ainsi que les Pays-Bas ont de tous temps accueilli une importante communauté juive, qui y a entretenu de merveilleuses synagogues. Si le catholicisme fut, dans un premier temps, supplanté par le protestantisme dans les Pays-Bas du Nord, il n'en continua pas moins à exister, car on fermait les yeux sur les églises de l'ombre. Lorsqu'au milieu du XIXe siècle, le protestantisme cessa d'être religion d'Etat, les catholiques reçurent l'autorisation d'édifier de nouvelles églises. La situation actuelle aux Pays-Bas est la suivante: environ 1/3 de protestants, 1/3 de catholiques, 1/9 d'autres croyances en 2/9 d'athées.

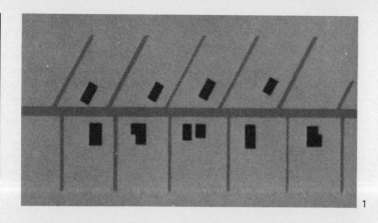

1

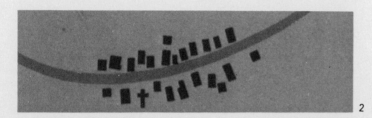

2

3

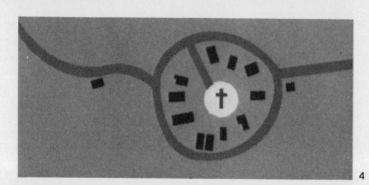

4

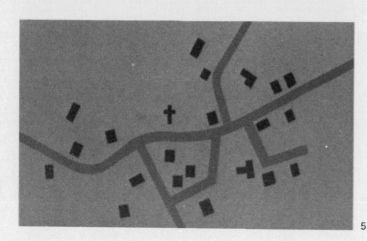

5

Min of meer geconcentreerde landelijke nederzettingen in de vorm van dorpen zijn in de vroege middeleeuwen reeds ontstaan en hebben de grondslag gelegd tot de duizenden dorpen, die het Nederlandse landschap stofferen. Soms was een geografische toevalligheid aanleiding tot zo'n nederzetting: het kruispunt van twee handelswegen, een bocht in de rivier, de aanwezigheid van een terp, de bouw van een kerk of een klooster. Soms ook vestigden mensen zich in de nabijheid van een sluis of een brug. Later ontstonden zo ook dorpen langs kanalen of langs een weg, waar meestal wel een voortvarende kastelein een herberg begon ten gerieve van koetsiers en reizigers van diligences. Op deze wijze onderscheidt men streekdorpen (1), wegdorpen (2), brinkdorpen (3), terpdorpen (4) en open dorpen (5). Industrialisatie van het platteland in de 19de eeuw heeft er vaak toe geleid, dat de oorspronkelijke vorm van het dorp nagenoeg geheel is verdwenen en in een nog later stadium kwam de dorpsuitbreiding ten behoeve van forenzen en gepensioneerden, die het stille, rustige dorp verkiezen boven de rumoerige stad.

More or less concentrated village agglomerations began to spring u during the early Middle Ages, forr ing the bases of the thousands of villages and townships dotted around the Dutch countryside. So metimes a geographical accident provided a reason for settlement; where two or more trade routes crossed; a bend in the river; the presence of a dwelling mound; th erection of a church or monastery Elsewhere, people settled close to lock or bridge. Later on, villages evolved along canals or roads whe some enterprising inn keeper established a hostelry for the drivers and passengers of travelling coaches. Hence it is possible to di ferentiate between regional village (1), road villages (2), village green (3), terp villages (4) and open villa (5). Nineteenth century industriali tion of the rural areas often led to virtual disappearance of the origin village. At a still later stage, village expanded to accommodate commuters and pensioners who prefe red the peaceful tranquility of a vi lage to the bustling life of the city.

Dorfartige ländliche Ansiedlungen entstanden bereits im frühen Mittelalter. Sie bildeten die Grundlage für die unzähligen Dörfer, die Holland heute besitzt. Die Gründung einer solchen Siedlung hing meistens von der geographischen Beschaffenheit des Gebietes ab: oft liess man sich an einem Kreuzungspunkt zweier Handelswege nieder, manchmal an einer Flussbiegung oder einer Warft, Kirchen und Klöster lockten ebenfalls Siedler an. Auch die Nähe einer Schleuse oder Brücke war ein guter Grund für eine Niederlassung. Später entstanden Dörfer auch entlang Kanälen und Strassen, oft war hier ein weitblickender Wirt der Initiator gewesen, der irgendwann einmal eine Herberge gebaut hatte, weil er sich vom aufkommenden 'Postkutschen-Tourismus' einigen Profit versprach. Man unterscheidet Regionaldörfer (1), Strassendörfer (2), Platzdörfer (3), Terpendörfer (4) und offene Dörfer (5). Die Industrialisierung ländlicher Gebiete im 19. Jahrhundert hat leider oft zur Auflösung der alten Dorfstrukturen geführt, und auch die 'Stadtflucht' unserer Tage verändert noch ständig dörfliche Lebensformen.

Dès le Haut Moyen Age apparuren des peuplements agricoles plus ou moins concentrés, bases des millie de villages émaillant le paysage néerlandais. A l'origine de ces établissements se trouve parfois une contingence géographique: croisement de deux routes commerciales courbe d'une rivière, présence d'un tertre, construction d'une église ou d'un couvent. Les hommes se fixaient parfois aussi à proximité d'une écluse ou d'un pont. Par la suite, des villages naquirent également le long des canaux ou des routes, où la plupart du temps un homme entreprenant ouvrait une auberge pour les cochers et les voyageurs en diligence. C'est ainsi que l'on distingue les villages dispersés (1), les villages-rues (2), les villages bâtis autour d'une place (3), l villages sur un tertre (4) et les villages ouverts (5). Au XIXe siècle, l'industrialisation du plat pays a en traîné la disparition quasi totale de forme originale du village; un stad ultérieur vit son développement po le plus grand bien des banlieusards et des retraités, qui préfèrent le village paisible et tranquille à la ville bruyante.

Elke stad - en elk dorp - heeft zijn eigen stedebouwkundige geschiedenis, vaak met een eerste aanzet, die min of meer toevallig is geweest: een kasteel, een marktplein, een rivier, een heirbaan of een haven. Rondom zo'n nederzetting verrezen andere huizen, een kerk, een herberg, pakhuizen en een raadhuis. En in vele gevallen was er van een stedebouwkundig plan in het geheel geen sprake, totdat soms de vorm uit veiligheidsoverwegingen werd afgerond met een stevige muur, voorzien van poorten. Mechelen in België (links) is een klassiek voorbeeld van zo'n onregelmatig gestructureerde stad, maar dat wil bepaald niet zeggen, dat alle uit die periode stammende steden er vanouds zo hebben uitgezien. Elburg (midden), aan de voormalige Zuiderzeekust gelegen, is zeer regelmatig van aanleg met bouwblokken en straten, die als langs een liniaal zijn getrokken. Toch dateert ook dat stadsplan uit de middeleeuwen (1233), alsof er niets aan het toeval is overgelaten. De talrijke vestingsteden uit een later tijdvak, zoals Willemstad in Noordbrabant, zien er al even regelmatig uit, maar hier was de middeleeuwse muur al vervangen door bolwerken met bastions (rechts) en een daarvoor aangelegde vestinggracht. Het plan van Willemstad dateert van 1583 en eeuwen lang hebben deze vestingsteden een wezenlijk onderdeel uitgemaakt van het nationale defensiesysteem.

Every town and village owes its form to a historical evolution of its own, often based on more or less chance beginnings such as a castle, marketground, a river, an important route or harbour. In due course, more houses, a church, an inn, warehouses and a town-hall would grow up around the original settlement, often without any town-planning considerations. Sometimes, for safety's sake, sturdy encircling walls provided with gates would be constructed to give the rambling town some kind of manageable shape. Mechelen (Malines) in Belgium (left) is a typical example of this type of irregularly structured town. Of course this does not mean that all towns from that period looked like that. On the contrary, Elburg, for instance, another mediaeval town (built 1233) looks as if nothing was left to chance (centre). Built on the coast of the former Zuiderzee, this town's lay-out is absolutely regular with deadstraight blocks of streets and houses that look as if they had been drawn out with a ruler. Many fortified towns dating from a slightly later period are equally well-organised but by the time that Willemstad in North Brabant was built in 1583, the mediaeval wall had been replaced by bulwarks and bastions surrounded by a moat. Fortified towns like Willemstad (right) were part of a national defense system that lasted for centuries.

Jede Stadt, jedes Dorf besitzt eine eigene Entstehungsgeschichte. Oft war der Beginn mehr oder weniger zufällig: eine Burg, ein Marktplatz, ein Fluss, eine Heerstrasse oder ein natürlicher Hafen - all das konnten Ansatzpunkte für eine weitere Besiedlung sein. Es folgten Herbergen, Bürgerhäuser, Lagerhäuser, Kirche und Rathaus, womit die Grundvoraussetzungen für eine neue Stadt erfüllt waren. In vielen Fällen gab es keinerlei Städteplanung, Gebäude wurden ziemlich planlos errichtet und anschliessend mit einer Befestigungsmauer umschlossen. Mechelen in Belgien (links) ist ein klassisches Beispiel einer solchen unregelmässig strukturierten Stadt. Doch das will nicht sagen, dass alle aus dieser Anfangsperiode stammenden Städte so ausgesehen haben. Elburg (Mitte), gelegen an der ehemaligen Küste der Zuiderzee, ist ein Beispiel für symmetrische Städtearchitektur: hier sehen die Strassen aus wie mit dem Lineal gezogen. Die Stadtplanung stammt aus dem Mittelalter (1233), und nichts ist dem Zufall überlassen worden. Die zahlreichen Festungsstädte aus einer späteren Periode, zum Beispiel Willemstad in Nordbrabant, zeichnen sich ebenfalls durch regelmässige Bauweise aus, hier wurde die mittelalterliche Stadtmauer durch das Bollwerk mit dem davor angelegten Festungsgraben ersetzt. Der Plan von Willemstad (rechts) datiert aus 1583. Festungsstädte wie diese bildeten jahrhundertelang einen wichtigen Beitrag zum nationalen Verteidigungssystem.

Chaque ville - ou chaque village - possède sa propre histoire urbanistique, qui débute souvent par un peuplement plus ou moins fortuit: un château, un marché, une rivière, un carrefour ou un port. Tout autour de ce lieu d'établissement surgirent des maisons, une église, une auberge, des magasins et un hôtel de ville. Dans de nombreux cas, il ne fut pas du tout question de plan de ville défini, jusqu'à ce que l'ensemble fût parfois entouré d'une enceinte massive, pourvue de portes, pour des raisons de sécurité. Malines en Belgique (à gauche) représente un exemple classique de ville sans plan, mais cela ne veut précisément pas dire que toutes les villes datant de cette époque ont toujours eu cette physionomie. Elburg (au centre), située le long de l'ancien Zuiderzee, présente un dessin très régulier, où toutes les rues semblent tracées au cordeau. L'édification de cette ville remonte cependant elle aussi au Moyen Age (1233), mais ici rien n'a été laissé au hasard. Les nombreuses villes fortifiées de l'époque ultérieure - telle Willemstad en Brabant septentrional, dont le plan date de 1583 (à droite) - semblent aussi régulièrement dessinées; toutefois, la muraille était déjà remplacée par des remparts avec bastions et un fossé de fortification. Pendant des siècles, ces villes fortifiées ont constitué un élément essentiel du système de défense nationale.

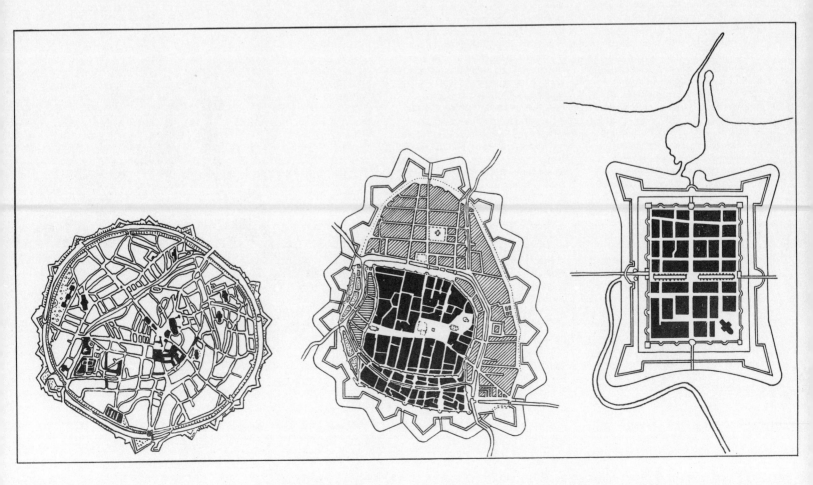

In West-Europa is Londen de grootste metropool, gevolgd door Parijs en het stedelijk gebied van Rijn- en Ruhrgebied in Duitsland. Vierde in deze benauwende rij is het midden-westen van Nederland, dat de naam Randstad Holland heeft gekregen. Het bestaat uit een reeks vrijwel aaneengesloten steden, beginnend in het zuiden bij Dordrecht en via een grote boog eindigend in Utrecht. In deze Randstad bevinden zich de agglomeraties Rotterdam (1 miljoen inwoners), 's-Gravenhage (670.000 inw.), Amsterdam (960.000 inw.), Haarlem (215.000 inw.), Zaanstad (140.000 inw.), Leiden (170.000 inw.), tesamen rond 3,2 miljoen mensen, samengebald op slechts vijf procent van het gehele grondgebied van Nederland. Tussen die steden ingeklemd bevinden zich twee belangrijke tuinbouwgebieden: het Westland (glascultuur) en de bollenstreek (bloemen). En het totale hoefijzervormige gebied omsluit het zg. groene hart van Holland, een uitgestrekt gebied van polders en plassen, dat men zoveel mogelijk intact wil houden om althans dit weideland te sparen voor een nog verder schrijdende verstedelijking van het land.

In Western Europe, London is the greatest metropolis, followed by Paris and the collective urban concentrations of the Rhine-Ruhr area in Germany. Fourth in this impressive list is the mid-West of the Netherlands, known as Randstad Holland, consisting of a more or less unbroken chain of cities, beginning at Dordrecht in the South and arching all the way to Utrecht. In between lie the agglomerates of Rotterdam (pop. 1 million), 's-Gravenhage (pop. 670,000), Amsterdam (pop. 900,000), Haarlem (pop. 215,000), Zaanstad (pop. 140,000) and Leiden (pop. 170,000). This total population of 3.2 million people is compressed within an area comprising just five per cent of the entire Netherlands. Sandwiched among the cities moreover, lie two of the country's major horticultural centra: Westland (greenhouses) and the bulb district (flowers). Enfolded within the whole horseshoe shaped region is the area known as the green heart of Holland, an extensive stretch of polders and lakes. Every effort is being made to keep this intact to that at least this particular area of green pastures will be spared from further urbanization.

London ist die grösste Metropole Europas, danach kommt Paris, an dritter Stelle steht die Städtekonzentration des Rhein-Ruhr-Gebietes in Deutschland. Nummer 4 in dieser Galerie der Superlative ist die sogenannte Randstad Holland im westlichen Teil des Landes. Sie besteht aus einer Reihe nahezu zusammengewachsener Städte und beginnt im Süden bei der Stadt Dordrecht, verläuft bogenförmig und endet in Utrecht. Die Randstad enthält die Agglomerate Rotterdam (1 Million Einwohner), 's-Gravenhage (670.000 Einwohner), Amsterdam (960.000 Einwohner), Haarlem (215.000 Einwohner), Zaanstad (140.000 Einwohner), Leiden (170.000 Einwohner), zusammengerechnet ungefähr 3,2 Millionen Menschen, die zusammengeballt auf nur 5% der gesamten holländischen Grundfläche leben. Eingeklemmt zwischen dieser Städteansammlung liegen zwei wichtige Gartenbau-Regionen: das Westland mit seinen Treibhauskulturen, und der 'Bollenstreek', wo die berühmten holländischen Blumenzwiebeln gezüchtet werden. Das ganze Gebiet ist hufeisenförmig und umrandet das sogenannte 'Grüne Herz' von Holland, eine weite Seen- und Polderlandschaft, die man so viel wie möglich vor einer weiteren Verstädterung beschützen will.

En Europe occidentale, la grande métropole est Londres, suivie par Paris et le complexe urbain du Rhin et de la Ruhr en Allemagne. La quatrième place de cet inquiétant classement est occupée par le centre est des Pays-Bas, qui a reçu le nom de Randstad Holland. Il se compose d'une série de villes pratiquement soudées, formant un arc de Dordrecht à Utrecht. Cette Randstad regroupe les agglomérations de Rotterdam (1 million d'habitants), 's-Gravenhage (La Haye) (670.000 hab.), Amsterdam (960.000 hab.), Haarlem (215.000 hab.), Zaanstad (140.000 hab.), Leiden (170.000 hab.), soit au total environ 3,2 millions de personnes concentrées sur 5% à peine du territoire néerlandais. Entre ces villes sont imbriquées deux importantes régions horticoles: le Westland (cultures en serres) et la région des fleurs (plantes à bulbe). Et l'ensemble de ce territoire en fer à cheval englobe le «cœur vert de la Hollande», une vaste étendue de polders et de lacs, que l'on cherche à protéger au maximum et à épargner de l'urbanisation galopante du pays.

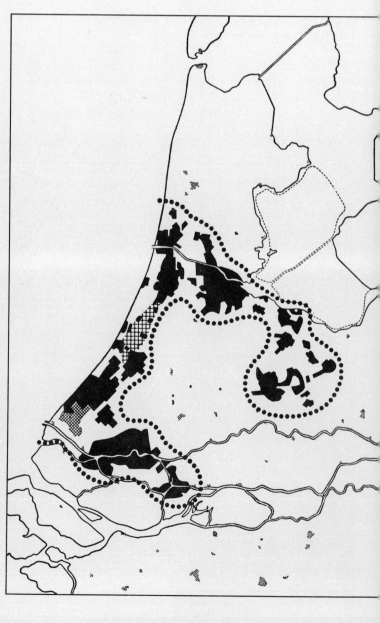

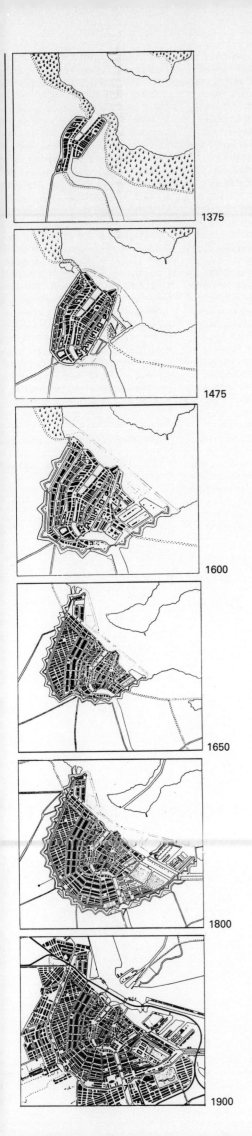

1375

1475

1600

1650

1800

1900

Amsterdam is in de vroege middel-eeuwen ontstaan als een bescheiden nederzetting van vissers aan de mond van de Amstel. Nadat op beide oevers enige bebouwing was ont-staan breidde de stad zich uit tot wat nu de kern van de binnenstad is ge-worden. Dank zij de open verbinding met de zee via het IJ namen scheep-vaart en handel al spoedig een hoge vlucht. Rondom de stad werd een stenen verdedigingsmuur gebouwd, cultuur en kerkelijk leven bloeiden - de stad telde tegen het eind van de 15de eeuw 19 kloosters - en nog al-tijd had de stad het karakter van een middeleeuwse vestiging, toen de 80-jarige oorlog (1568-1648) uitbrak, die Nederland zijn onafhankelijkheid zou geven. Vooral doordat zich veel vreemdelingen hier vestigden, on-derging de stad in de 17de eeuw een explosieve expansie. De stadsmuur werd gesloopt, de concentrische grachtengordel werd aangelegd en rondom die nieuwe stad kwam een aarden verdedigingswal met bas-tions. Dit uitbreidingsplan werd in de 18de eeuw voltooid. Lange tijd bleef de situatie vrijwel ongewijzigd, tot de industriële revolutie en de nieuwe weg naar zee (het Noordzeekanaal) tegen het eind van de 19de eeuw een sterke toeneming van de bevolking bewerkstelligden en de stad ver over haar oude grenzen werd uitgebreid. Omstreeks 1900 had de stad rondom de 17de-eeuwse kern een krans van doorgaans slecht gebouwde buiten-wijken gekregen.

Amsterdam entstand im frühen Mit-telalter als eine kleine Fischer-siedlung an der Amstelmündung. An beiden Ufern des Flusses begann man mit der Bebauung, und nach und nach bekam das Dorf städtische Dimensionen. Durch die ideale Lage am IJ, welches eine direkte Verbin-dung mit dem Meer hatte, erlebten Handel und Schiffahrt sehr bald eine erste Blütezeit. Um die Stadt wurde eine Festungsmauer gebaut, kul-turelles und Kirchliches Leben nah-men stark zu - gegen Ende des 15.Jahrhunderts zählte die Stadt 19 Kloster - und bis zum achtzigjährigen Krieg (1568-1648) besass die Stadt den Charakter einer mittelalterlichen Festung. Der Krieg brachte den Niederlanden die Unabhängigkeit, und Amsterdam erlebte im 17.Jahr hundert einen starken Zulauf von Fremden, die sich hier niederliessen. In dieser Zeit machte die Stadt einen explosiven Expansionsprozess mit: die alte Stadtmauer wurde abgeris-sen, der konzentrische Grachtengür-tel wurde angelegt und rings um die neuen Stadtgrenzen schüttete man einen mit Bastionen versehenen Verteidigungswall auf. Diese neue Stadtausbreitung wurde im 18.Jahr-hundert vollendet. Lange Zeit ver-blieb Amsterdam in diesem Zustand, doch Ende des 19.Jahrhunderts sorgten die industrielle Revolution und der neue Zugang zum Meer (Nordseekanal) dafür, dass die Stadt weit über ihre bestehenden Grenzen hinauswuchs.

Amsterdam evolved during the early Middle Ages as an unpretentious settlement of fishing folk at the mouth of the River Amstel. After both banks became built up, the town expanded to what is now the core of the inner city. As a result of the open throughway to the sea via the IJ, shipping and trade soon came to prosper. A stone defense wall was built around the city whilst culture and religion flourished; towards the end of the 15th century there were nineteen monastic communities. The city still had the character of a me-diaeval settlement when the Eighty Years' War (1568-1648), which was to culminate in the Netherlands' inde-pendence, broke out. Largely becau-se many strangers came to settle, Amsterdam went through an ex-plosive expansion during the 17th century. The city wall was demolish-ed, the belt of concentric canals was built and an earthen, bastioned wall was constructed around the new city. The entire plan was completed in the 18th century. For a long time after that there were no major changes until the Industrial Revolution and the new way to the sea (the North Sea Canal) towards the end of the 19th century. At this stage an in-creasing part of the population was drawn into the labour force and the town spread far beyond its former boundaries. By around 1900, the 17th century city core had acquired an en-circling belt of more or less badly-built suburbs.

Amsterdam apparut durant le Haut Moyen Age comme modeste village de pêcheurs à l'embouchure de l'Amstel. A partir de quelques maisons construites sur les deux ri-ves, la ville s'agrandit pour former le noyau de la ville intérieure actuelle. Une communication directe avec la mer par l'IJ permit bien vite au commerce et à la navigation de prendre un grand essor. La ville fut entourée d'une muraille; elle connut une vie culturelle et religieuse floris-santes: elle compta jusqu'à 19 couvents à la fin du XVe siècle. Am-sterdam présentait encore ce carac-tère médiéval lorsqu'éclata la «Guerre de 80 ans» (1568-1648), qui allait conférer leur indépendance aux Pays-Bas. La ville subit au XVIIe siècle une expansion explosive, sur-tout en raison du fait que de nom-breux étrangers vinrent s'y fixer. On abattit le mur d'enceinte, on creusa le réseau de canaux concentriques et on entoura cette nouvelle ville d'un mur de fortification avec bastions. Cette expansion prit fin au XVIIIe siècle. La situation resta pratique-ment inchangée jusqu'à ce que la ré-volution industrielle et un nouveau débouché vers la mer (Noordzee-kanaal) entraînent un accroissement considérable de la population à la fin du XIXe siècle, et que la ville dé-borde très largement de ses ancien-nes limites. Vers 1900, la vieille ville du XVIIe siècle était entourée d'une ceinture de quartiers périphériques généralement mal construits.

De grond waarop Amsterdam is gebouwd is van zo slechte samenstelling, dat er nergens gebouwd kan worden zonder dat er eerst heipalen in de grond worden geslagen, die reiken tot de ongeveer twaalf meter beneden de oppervlakte beginnende zandplaat. Onderstaande tekening geeft een indruk van de samenstelling van die grondlagen. De veenlagen en de dikke laag klei en zand bieden geen enkele stevigheid. Dat geldt niet alleen voor huizen, kerken, torens, kantoren of wat dan ook, maar ook voor bijvoorbeeld de kademuren van de grachten. Eeuwenlang zijn voor dat woud van palen, waarop de stad rust, bomen gebruikt, die per schip uit Scandinavië werden aangevoerd. Om een indruk te geven van het aantal palen, dat voor slechts één gebouw nodig is: het voormalige stadhuis op de Dam (nu koninklijk paleis) staat op 13.659 houten palen. Nu worden er palen van gewapend beton gebruikt. De tekening geeft bovendien weer welke verhoudingen gebruikt werden bij het graven van een gracht: de rijbanen langs de grachten waren (en zijn) maar smal en zeker niet berekend voor het hedendaags verkeer. Al het goederenvervoer ging via het relatief brede water.

The soil on which Amsterdam stands is of such poor consistency that nothing can be built until piles have been driven deep into the ground, down to the underlying sandbed which lies about 12 metres below the surface. The accompanying drawing gives a good idea of the composition of the intervening strata; the peat layers, heavy clay and sand offer no resistance at all. This not only applies to the construction of houses, churches, towers, offices, etc., but also for instance, to the quay walls of the canals. For centuries the forest of piles on which the city rested depended on timber supplies brought by ship from Scandinavia. To give an impression of the number of piles required for just one building, the former Town Hall (now Royal Palace) on Dam Square is built on 13,659 wooden piles. Nowadays piles of reinforced conrete are used. The illustration also indicates the relative proportions involved in digging a canal: the streets along the canals were (and still are) very narrow and certainly not intended for modern traffic. All goods and cargoes were transported by the relatively broad waterway.

Der Boden, auf dem Amsterdam erbaut ist, besitzt eine für Bauzwecke sehr schlechte Qualität. Bevor man ein Gebäude errichten will, muss man Rammpfähle in den Grund treiben, die bis zu der etwa 12 Meter unter der Oberfläche liegenden Sandplatte reichen. Nur diese Sandlage kann die Fundamente von Häusern tragen, die über ihr liegenden Lehm- und Lößschichten sind viel zu weich. Nicht nur Häuser, Kirchen und Türme sind auf Pfähle gebaut, auch die Einfassungsmauern der Grachten ruhen auf ihnen. Die Zeichnung unten zeigt die Zusammensetzung der verschiedenen Bodenschichten. Zur Unterpfählung Amsterdams hat man jahrhundertelang Bäume mit dem Schiff aus Skandinavien eingeführt, und ein Beispiel demonstriert eindrucksvoll die Arbeitsintensität dieses Bausystems: das ehemalige Rathaus auf dem Damplatz (heute das königliche Schloss) steht auf 13.659 hölzernen Pfählen. Auch heute noch wird auf diese Weise fundamentiert, das Holz ist allerdings vom Stahlbeton abgelöst worden. Die Zeichnung lässt ausserdem erkennen, in welchem Verhältnis eine Gracht gegraben wurde: die entlang führenden Strassen waren (und sind) sehr schmal und sicherlich nicht auf das heutige Verkehrsvolumen zugeschnitten, der Güterverkehr wurde auf dem relativ breiten Wasserweg abgewickelt.

Le sol sur lequel Amsterdam est fiée est si instable qu'il est néces d'y enfoncer des pieux avant d'e tamer toute construction; ces pie atteignent la couche de sable à e viron 12 mètres de la surface. Le dessin ci-dessous donne une idé la complexité de ces couches pri ves. La couche de tourbe et l'épa couche d'argile et de sable n'offr pas la moindre solidité. Ceci ne v pas uniquement pour les maison églises, tours, bureaux ou autres édifices de ce genre, mais aussi exemple pour les quais des cana Pendant des siècles, on utilisa, p cette forêt de pilotis sur laquelle pose la ville, des arbres amenés Scandinavie par bateau. Afin de donner une idée du nombre de p nécessaires pour un seul édifice, nous dirons que l'ancien hôtel de ville sur le Dam (l'actuel palais ro est bâti sur 13.659 pieux en bois. utilise actuellement pour ce faire pieux en béton armé. Le dessin i que en outre les proportions appliquées lors du creusement d'un nal: les chemins longeant les can étaient (et sont) étroits, et sûreme pas prévus pour la circulation actuelle. Tout le trafic de marchand passait par la voie d'eau relativer large.

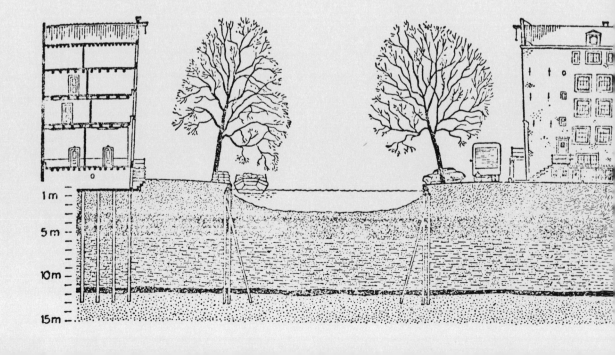

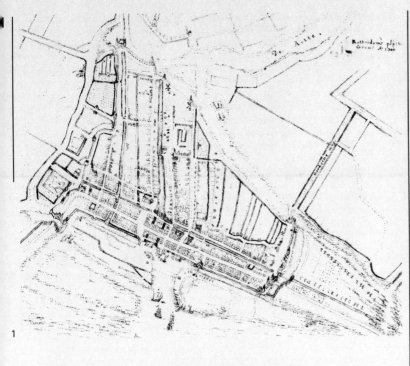

1

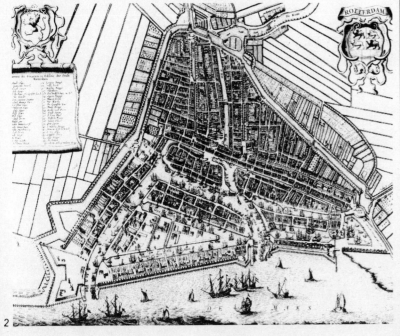

2

3

Evenals Amsterdam is Rotterdam, nu de grootste zeehaven ter wereld, ontstaan uit een bescheiden nederzetting van vissers aan de samenvloeiing van de Maas en het riviertje de Rotte (1), maar de driehoekige vorm van de binnenstad, zoals die ook nu nog aanwezig was, tekende zich ook toen, omstreeks 1300, al af. Het dorp ontwikkelde zich tot een ommuurde havenstad, waarbinnen het tegen 1630 beschikte over een tiental gegraven havens. De toegang tot de zee was echter verre van ideaal, want moeizaam moesten de schepen zich enkele eeuwen lang een weg zoeken tussen de Zuidhollandse en Zeeuwse eilanden door, wilden zij bij Brouwershaven eindelijk aan hun reis kunnen beginnen (2). Toen in de tweede helft van de 19de eeuw de Nieuwe Waterweg werd gegraven en voortaan Hoek van Holland de poort tot Rotterdam zou worden, ging de ontwikkeling steeds sneller: de stad trad buiten haar enge begrenzing, maakte de sprong over de rivier, groef nieuwe en grote havenbekkens op beide oevers en omstreeks 1939 was de aanzet tot de stad van vandaag al duidelijk aanwezig (3).

Just like Amsterdam, Rotterdam, now the world's largest seaport, evolved from an unpretentious setlement of fishing people at the confluence of the River Meuse and the tiny (1) Rotte; however, the triangular shape of the inner city which is still obvious was already distinct by c.1300. Gradually, the little village developed into a walled port which had some ten dockyards within its confines by 1630. Howevern access to the sea was far from ideal; for many centuries the ships had to steer a difficult course between the South Holland and Zeeland islands to begin their journey proper in the Brouwershaven (2). When the Nieuwe Waterweg was dug in the second half of the 19th century and Hoek van Holland became the gateway to Rotterdam, developments accelerated. The town spread beyond its narrow borders, crossed the river and new and bigger docks were constructed along both river banks. By 1939 the picture presented by the town today was already recognizable (3).

Ähnlich wie Amsterdam, hat sich auch Rotterdam, jetzt der grösste Hafen der Welt, aus einem Fischerdorf zur Weltstadt entwickelt. Gelegen am Zusammenfluss der Maas und des Flüsschens Rotte (1), zeichnete sich die heutige dreieckige Form der Innenstadt auch schon um ungefähr 1300 ab. Das Dorf erweiterte sich zu einer durch eine Mauer umgebene Hafenstadt, in der sich um das Jahr 1630 ungefähr 10 gegrabene Hafenbecken befanden. Der Zugang zum Meer war jedoch alles andere als ideal: Jahrhunderte mussten sich die ausfahrenden Schiffe mühsam den Weg durch die südholländischen und seeländischen Inseln suchen, ehe sie bei Brouwershaven ihre Reise über das Meer beginnen konnten (2). Erst nachdem in der zweiten Hälfte des 19.Jahrhunderts der Nieuwe Waterweg zur See gebaut worden ist und Hoek van Holland zum Hafen Rotterdams avancierte, begann die Stadtentwicklung auf Hochtouren zu laufen: die bestehenden Grenzen waren bald überschritten, die Expansion überquerte den Fluss und an beiden Ufern baute man neue, moderne Hafenanlagen. Um das Jahr 1939 waren die ökonomischen Weichen für die heutige Stadt bereits gestellt (3).

Rotterdam, le premier port mondial, est issu, à l'instar d'Amsterdam, d'un modeste établissement de pêcheurs au confluent de la Meuse et de la Rotte (1). La forme triangulaire de la ville intérieure, telle qu'on peut encore la discerner, remonte à cette époque, soit aux environs de l'an 1300. Le village se développa jusqu'à devenir une ville portuaire dotée d'une enceinte, à l'intérieur de laquelle se trouvaient vers 1630 plus d'une dizaine de ports. Le débouché vers la mer était certes loin d'être idéal; en effet, pendant des siècles, les bateaux durent, au prix de grandes difficultés, se frayer un chemin entre les îles de Hollande méridionale et de Zélande, pour pouvoir enfin commencer leur voyage près de Brouwershaven (2). Lorsque, dans la seconde moitié du XIXe siècle, on creusa le Nieuwe Waterweg et que Hoek van Holland devint dès lors l'accès vers Rotterdam, le développement s'accéléra: la ville déborda de son carcan étroit, enjamba le fleuve, creusa de nouveaux et grands bassins sur les deux rives; l'essor qui donna sa physionomie actuelle à la ville se dessinait déjà très clairement en 1939 (3).

Hoewel Amsterdam officieel de hoofdstad van Nederland is, is 's-Gravenhage al sedert eeuwen de zetel van de regering. In 1229 kocht graaf Floris IV van Holland de 'hof van Vrouwe Meilendis', gelegen in het hart van het tegenwoordige 's-Gravenhage en bouwde daar een grafelijk paleis, bestaande uit een ruim plein met daaromheen een reeks gebouwen, omgeven door grachten. Ondanks talrijke en vaak ingrijpende verbouwingen heeft deze 'Binnenhof' zijn oorspronkelijke vorm tot op heden behouden. Nog is het de kern van het regeringscentrum, huisvesting biedend aan de beide kamers der volksvertegenwoordiging. In het midden staat de Ridderzaal, hier afgebeeld op een 18de-eeuwse prent. Het gebouw dateert uit de tijd van graaf Floris V (1256-1296) en wordt nu gebruikt voor plechtige bijeenkomsten, onder meer voor de jaarlijkse opening van de zitting der Staten-Generaal door de koningin in september.

Although Amsterdam is officially the capital of the Netherlands, 's-Gravenhage has for centuries been the seat of government. In 1229 Count Floris IV of Holland bought the 'hof van Vrouwe Meilendis' in the heart of what is now 's-Gravenhage and built himself a palace consisting of a spacious courtyard surrounded by a series of houses and encircled by canals. Despite many alterations, often of a drastic character, the 'Binnenhof' has retained its original character. It is the core of government which houses both parliamentary chambers. The Ridderzaal (Knights' Hall) stands in the centre; here it is depicted in an 18th century print. The building dates from Floris V (1256-1296) and is now used for ceremonial occasions like the annual opening of the States General by the Queen every September.

Offiziell ist Amsterdam die Hauptstadt der Niederlande, 's-Gravenhage jedoch ist seit Jahrhunderten der Regierungssitz. Im Jahre 1229 kaufte Graf Floris IV. von Holland den 'Hof van Vrouwe Meilendis', gelegen im Zentrum des heutigen 's-Gravenhage. Er liess dort ein gräfliches Schloss bauen, welches von Grachten umgeben war und einen grossen Innenhof besass. Trotz zahlreicher und manchmal auch einschneidender Umbauten hat der 'Binnenhof' seine ursprüngliche Form bis heute bewahren können. Jetzt ist er das Regierungszentrum. In der Mitte befindet sich der Rittersaal, hier auf einem Stich des 18. Jahrhunderts abgebildet. Dieses Gebäude stammt aus der Periode des Grafen Floris V. (1256-1296) und wird nur noch zu offiziellen Anlässen benutzt, unter anderem zur jährlichen Sitzung der Generalstaaten, die traditionell durch die Königin eröffnet wird.

Bien qu'Amsterdam soit officiellement la capitale des Pays-Bas, le siège du gouvernement se trouve depuis des siècles à 's-Gravenhage (La Haye). En 1229, le comte Floris de Hollande acheta le «hof van Vrouwe Meilendis», situé aujourd'au cœur de la ville, pour y construi son palais: une vaste place entou d'une série de bâtiments, le tout c né de par des canaux. En dépit de nombreuses transformations souvent radicales, ce Binnenhof (cou intérieure) conserve de nos jours forme originale. C'est toujours le siège du gouvernement et il héberg les deux chambres des Etats-Généraux (parlement). Au centre se trou la Ridderzaal (salle des chevaliers ici représentée sur une gravure du XVIIIe siècle. Le bâtiment date de l'époque du comte Floris V (1256-1296) et sert maintenant à des réunions solennelles, notamment pour l'ouverture annuelle de la sesion des Etats-Généraux par la rein en septembre.

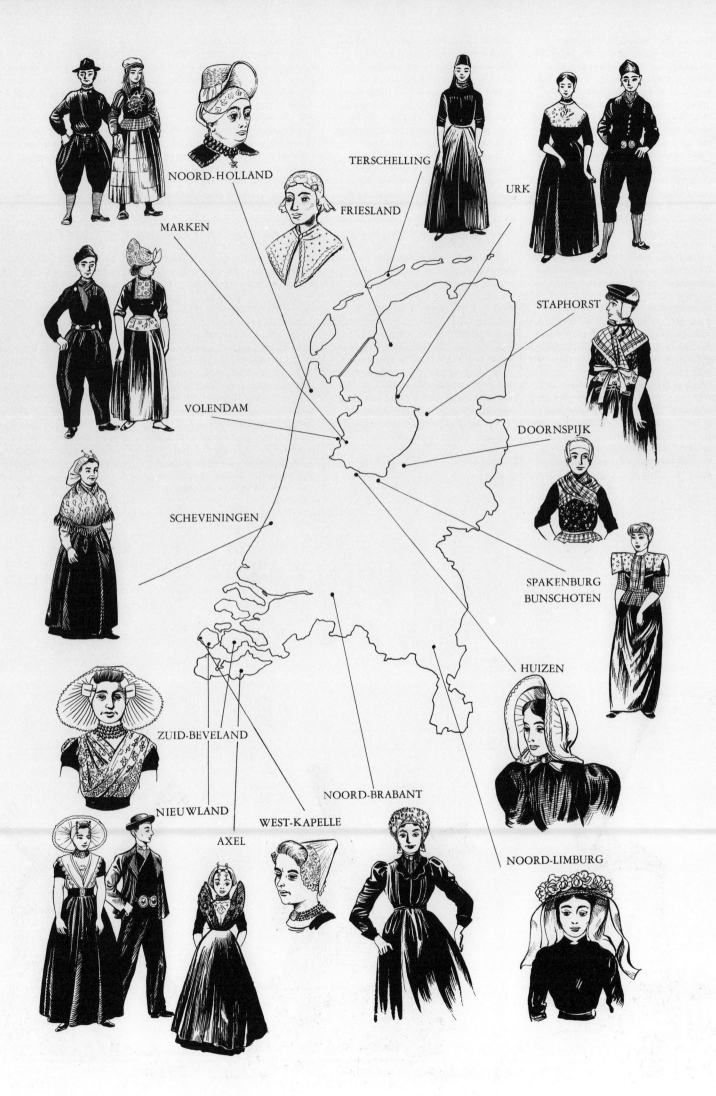

NOORD-HOLLAND

MARKEN

TERSCHELLING

FRIESLAND

URK

STAPHORST

VOLENDAM

DOORNSPIJK

SCHEVENINGEN

SPAKENBURG
BUNSCHOTEN

HUIZEN

ZUID-BEVELAND

NOORD-BRABANT

NIEUWLAND

WEST-KAPELLE

AXEL

NOORD-LIMBURG

134

Het is bijna niet te geloven maar eens telde Nederland meer dan 9000 windmolens. De wind werd gratis door de natuur geleverd en de molen was voor alles te gebruiken: om graan te malen, hout te zagen, papier te maken, cacao, peper, mosterd, verfstoffen te malen en vooral om het waterpeil in de poldersloten te handhaven. In het lage land met zijn wijde horizon had de wind meestal vrij spel, maar voor sommige molens was het toch beter ze op een kleine heuvel te bouwen, zodat de wieken hoog boven de huizen en de bomen uitstaken, de zogenoemde beltmolen (1). In de loop der eeuwen ontstonden verscheidene typen molen, zoals de paltrokmolen (2), die vooral door houtzagers werd gebruikt en de wipwatermolen (3), de binnenkruiers, de bovenkruiers, de standermolen, de tjasker, te veel om op te noemen. Helaas, de machine heeft nu maar al te vaak de taak van de molens overgenomen en nu zijn er nog ongeveer 950 over. Maar de laatste jaren worden wel heel wat molens, die in verwaarloosde toestand verkeerden gerestaureerd en als het kan ook weer in bedrijf gesteld. Concurreren tegen de machine kunnen ze niet, maar zolang Nederland bestaat zullen de wieken van de molens blijven draaien.

One would hardly believe it now but once there were more than 9000 windmills in the Netherlands. The wind, the bounty of nature, cost nothing and the mills could be used for almost anything: to grind wheat, saw wood, manufacture paper, cocoa, pepper, mustard, paint pigments and, above all, to maintain the waterlevel in the polder ditches. In these low, wide-horizoned lands, the wind generally had free rein. Nevertheless, for some mills it was advantageous if they were built on a little hillock so that the sails towered high above the houses and trees: 'beltmolen' (1). As the centuries progressed, more types of mills were developed like the 'paltrokmolen' (2), used especially as sawmills; the 'wipwatermolen' (3) to name but a few. Unfortunately, machines have only too often taken over the jobs of the mills and there are only about 950 left. Now, over the last few years, quite a number of mills which were in a delapidated condition have been restored and, when possible, put into working order again. Of course they cannot compete with the machine but as long as the Netherlands exist, the sails of the mills will keep turning.

Es ist fast nicht zu glauben: Einst nannte Holland mehr als 9000 Windmühlen sein eigen. Wind wurde gratis von der Natur geliefert, und eine Mühle war zu allem zu gebrauchen: Zum Mahlen von Korn, zum Holzsägen, zur Papierherstellung, zum Mahlen von Kakao, Pfeffer und Farbstoffen, aber vor allen Dingen zur Wasserregulierung in den Polderkanälen. Auf dem flachen Land mit seinem weiten Horizont hatte der Wind fast immer freies Spiel, und es war für verschiedene Mühlen besser, wenn sie erhöht auf einem Hügel gebaut wurden: die Flügel ragten dann weit über Häuser und Bäume hinaus, wie bei der sogenannten 'beltmolen' (1). Im Lauf der Jahrhunderte entwickelten sich verschiedene Mühlentypen, wie die 'paltrokmolen' (2), die meistens zum Holzsägen verwendet wurde, oder die 'wipwatermolen' (3), um nur einige zu nennen. Inzwischen hat die Maschine die Funktion der Mühle übernommen und auch die Anzahl ist beträchtlich geschrumpft: ungefähr 950 Mühlen gibt es noch in Holland. Glücklicherweise hat man in den letzten Jahren begonnen, verwahrloste Mühlen zu restaurieren, und einige sind sogar wieder ihrer alten Bestimmung zugeführt worden. Eines ist ganz sicher: solange Holland besteht, werden auch die Windmühlenflügel rauschen.

Il est à peine croyable qu'autrefois les Pays-Bas aient compté plus de 9000 moulins à vent! Le vent était offert gratuitement par la nature, e les moulins servaient à tout: mou du grain, scier le bois, fabriquer le papier, broyer le cacao, le poivre, moutarde, les épices de toutes sor ou les colorants, et surtout mainte le niveau de l'eau dans les polders Le plat pays, avec son horizon dég gé, laisse la plupart du temps libre ieu au vent; toutefois, certains moulins ont été construits sur une petite butte, afin que les ailes dép sent des maisons et des arbres: «beltmolen» (1). Au cours des sièc sont apparus divers types de moulins: «paltrokmolen» (2), surto utilisé pour scier du bois, «wipwatermolen» (3), et beaucoup d'autres, trop nombreux pour être énumérés. Hélas, la machine a aujourd'hui très souvent pris la rel ve, et il ne reste plus actuellement que 950 moulins. Mais, ces derniè années, de nombreux moulins qui trouvaient dans un état lamentabl ont été restaurés et remis en activ chaque fois que c'était possible. L moulins ne peuvent rivaliser avec machine, mais leurs ailes tournerc aussi longtemps que vivront les Pays-Bas.

Doorsnede van een korenmolen:
a) wieken; b) aswiel; c) windpeluw;
d) voeghouten; e) horizontale wiel;
f) koning; g) kroonwiel; h) molenste-
nen; i) mengmachine; j) as; k) bon-
kelrad; l) ronsels; m) lier; n) inrit
voor de wagens met koren.

Cross section of a flour mill:
a) sails; b) shaft wheel; c) wind bol-
ster; d) stabilisation beams; e) hori-
zontal wheel; f) vertical shaft;
g) crown wheel; h) mill stones;
i) mixing mechanism; j) shaft;
k) pinion; l) pinion; m) winch;
n) entrance for carts.

Durchschnitt durch eine Kornmühle:
a) Flugel; b) Achsenrad; c) Wind-
stütze; d) Stabilisierungsplanken;
f) 'Konig', Vertikalbindung zum
Mittelrad; g) Mittelrad; h) Mühl-
steine; i) Mischmaschine; j) Achse;
k) Kammrad; l) Kammrad; m) Winde;
n) Wageneinfahrt.

Coupe d'un moulin à blé:
a) ailes; b) roue axiale; c) palier;
d) joints; e) roue horizontale;
f) maître-arbre; g) couronne;
h) meules; i) malaxeur; j) axe;
k) pignon; l) pignon; m) treuil;
n) accès des chariots à blé.

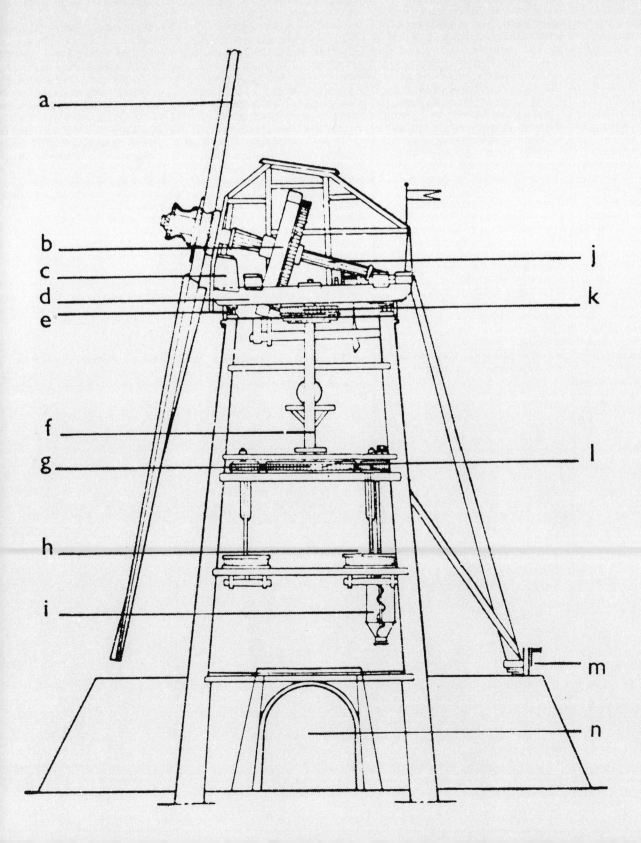

De folkloristische kalender ziet er in Nederland maar magertjes uit, vergeleken bij andere landen, een gevolg van de calvinistische wereldbeschouwing, die al te uitbundige feesten heeft uitgebannen als te zondig en te verkwistend. Carnaval blijft beperkt tot de zuidelijke provincies, waar de rooms-katholieken nog in de meerderheid zijn, maar vergeleken bij de uitbundige feesten, die daarmee in andere landen gepaard gaan, blijft ook deze gebeurtenis hier een tamme belevenis. Tegen Pasen vlammen hier en daar in het oosten des lands nog wel wat houtvuren op, maar meestal wordt deze vorm van pyromanie begeleid door de plaatselijke vereniging van vreemdelingenverkeer. Pinksteren daarentegen geeft in enkele plaatsen in het westen nog wel aanleiding tot enige vreugde in de vorm van het merkwaardige Luilakfeest, met name in de Zaanstreek en Amsterdam: ketelmuziek, kleine vernielingen, straatvuurtjes en dergelijke, in de nacht van vrijdag op zaterdag vóór Pinksteren. In Haarlem wordt die nacht een bloemenmarkt gehouden op straat, voortgekomen uit de traditie dat iedere huisvrouw met deze feestdagen prijs stelt op een kleine bloemenhulde. Tegen het eind van de zomer leeft het laatste restant op van wat eens de kermisvreugde was, maar wanneer de avonden langer worden bereidt gans het volk zich voor op het enige echte, grote, nationale folkloristische feest van het jaar: de verjaardag van de Heilige Nicolaas. Het St. Nicolaasfeest - 5 december - is de grote geschenkenavond voor jong en oud. Die avond zijn alle straten leeg en alle woonkamers vol. Er worden naar schatting 40 miljoen kleine geschenken gewisseld vergezeld van even zovele gedichten. En na dit uitbundige feest volgt een gezapig kerstfeest en een luidruchtig oudejaar, net als overal elders ter wereld.

Compared with other countries, the Dutch national calendar is very lean in respect of holidays. This is a result of a Calvinist attitude to life which forbade too much exuberant festivity as sinful and profligate. Carnival remains limited to the southern provinces which are still predominantly Roman Catholic but even those, when compared to the abandoned carousing that takes place in other countries, are relatively tame. Towards Easter, a few fires can be seen here and there in the east of the country but as a general rule this particular form of pyromania is under the auspices of the local tourist association. Whitsun, though, still provides a stimulant to some places in the west to indulge in that odd feast known as the Luilakfeest (sluggards' feast). Thus, in the Zaanstreek and Amsterdam, this is an occasion for rowdy music-making, minor acts of vandalism, street fires, etc., during the night of Friday to Saturday before Whitsun. In Haarlem a street flower market is traditionally held that night, originating in the notion that every wife appreciates a bouquet during the festive days. Towards the end of the summer, the last remnants of what was once the autumn fair season can be seen. Then as the evenings grow longer, the nation starts to prepare for the only real, big national festival of the year: the birthday of Saint Nicholas. St. Nicholas Day - 5 December - is the time of gifts for young and old. On that evening all the streets are empty and all the living rooms crowded. It is estimated that some 40 million gifts, accompanied by the same number of poems, pass hands every year. And then, after this lively day, an easy-going Christmas and boisterous New Year are celebrated, like everywhere else in the world.

Verglichen mit andern Ländern ist der folkloristische Festkalender Hollands nicht sehr dicht beschrieben. Dies ist eine Folge der calvinistischen Weltanschauung, die jeder festlichen Ausschweifung den Stempel des Sündigen und Vergeuderischen aufgedrückt hat. Karneval wird dann auch meistens nur in den südlichen Provinzen gefeiert, wo die Majorität der Bevölkerung katholisch ist, aber selbst diesen Festen kann man, wiederum im Vergleich zu anderen Ländern, nur das Prädikat 'zahm' verleihen. Ostern flammen im östlichen Teil des Landes die Holzfeuer auf, meistens jedoch ist diese Spielart der Pyromanie durch lokale Touristenbüros in Szene gesetzt. Einigermassen ursprünglich vom Erscheinungsbild her ist das 'Luilakfest', welches in der Nacht von Freitag auf Samstag vor Pfingsten begangen wird. Im Zaangebiet und in Amsterdam sind in dieser Nacht Strassenfeuer, Blechmusik und kleinere vandalistische Ausschreitungen ein gewohntes Bild, in Haarlem wird zur gleichen Zeit der traditionelle 'Luilak-Blumenmarkt' gehalten. Gegen Ende des Sommers ist Kirmeszeit in Holland, und erst wenn die Abende merkbar länger werden, bereitet sich das Land auf das einzige grosse nationale Volksfest vor: das St. Nikolausfest am 5.Dezember. Es ist die holländische Variante zum deutschen Weihnachtsfest, die Strassen sind an diesem Abend leer und die Wohnzimmer voller Geschenke. Laut statistischen Angaben werden bei dieser Gelegenheit 40 Millionen kleinere Geschenke, begleitet von persönlichen Gedichten, überreicht. Weihnachten in Holland ist eine sehr ruhige Angelegenheit, es wird kaum 'gefeiert'. Am Silvesterabend findet das letzte Fest im Jahr statt und es ist auch hier genauso begeistert wie überall auf der Welt.

Aux Pays-Bas, le calendrier des fêtes semble un peu maigre, comparé à celui d'autres pays. C'est là la conséquence d'une conception calviniste de la vie: les fêtes trop exubérantes ont été supprimées, car elles incitaient au péché et à la prodigalité; carnaval n'est fêté que dans les provinces méridionales, où les catholiques restent en majorité; toutefois, en comparaison des manifestations joyeuses qui accompagnent la célébration du carnaval dans d'autres pays, cette fête prend ici l'allure d'un événement bien timide. Dans l'Est du pays, on allume encore ici et là quelques bûchers à Pâques, mais cette sorte de pyromanie ets organisée la plupart du temps par le syndicat d'initiative local. La Pentecôte donne lieu, en certains endroits dans l'Ouest du pays, à de multiples réjouissances. C'est la curieuse Luilakfeest (fête du paresseux), comme l'appelle à Amsterdam et dans la région du Zaan, où elle est fêtée la nuit du vendredi au samedi précédant la Pentecôte. A Haarlem se tient cette même nuit un marché aux fleurs dans la rue, car la tradition veut que chaque ménagère reçoive un petit hommage fleuri à l'occasion de cette fête. A la fin de l'été subsiste encore un peu de ce qui faisait autrefois toute la joie des kermesses. Lorsque les jours raccourcissent, les gens préparent la seule vraie grande fête folklorique nationale de l'année: la fête Saint-Nicolas. Le soir du 5 décembre, toutes les rues sont désertes; réunis dans les maisons et appartements, petits et grands attendent leurs cadeaux: on estime à 40 millions le nombre de petits paquets échangés à cette occasion, accompagnés d'autant de petits poèmes. Cette fête par excellence suivie par un joyeux Noël et un Nouvel-An bruyant, comme partout ailleurs dans le monde.

Ondanks het feit dat Nederland zo dicht bevolkt is, is er toch nog ruimte voor uitgebreide natuurparken. Aanvankelijk was natuurbescherming een particulier initiatief, maar mede vanwege de grote noodzaak tot het behoud van alles wat er leeft en groeit, bemoeit de overheid zich er in toenemende mate mee. Het oudste natuurgebied in Nederland is het Naardermeer, twintig kilometer ten oosten van Amsterdam. Het ligt bijna aan de rand van het IJsselmeer en is bij uitstek een broedplaats voor aalscholvers, lepelaars en reigers. In het westelijk en noordelijk deel van Nederland zijn meer van dit soort reservaten, veenplassen begroeid met riet en doorsneden door sloten met hier en daar een open plas. Om er een paar te noemen: De Weerribben in Noord-Overijssel, Het Prinsenhof ten zuidoosten van Leeuwarden in Friesland en midden in de Randstad de Woerdense en Nieuwkoopse Plassen. Zeer bekende natuurparken in het oosten en zuiden van het land en dus gelegen op de hogere zandgronden zijn onder andere: het nationale park De Hoge Veluwe ten noorden van Arnhem (in het park bevindt zich tevens het museum Kröller-Muller met een internationaal bekende collectie van impressionistische en moderne schilderijen), het gebied van de Haarler- en Holterberg ten oosten van Deventer en de Drunense Duinen ten noorden van Tilburg (zie pag. 77). In deze parken vindt men voornamelijk reeën, herten, wilde zwijnen en klein wild als hazen, konijnen en fazanten. Het natuurgebied Het Geuldal (zie pagina's 74 en 75) in het uiterste zuiden van Limburg bestaat uit een prachtig bebost golvend heuvellandschap afgewisseld met groene weiden.

Although the Netherlands are so densely populated, there is still plenty of room for extensive natural conservation areas. Initially, nature conservation was dependent on private action but because of the great need to preserve all that lives and grows, the government is becoming increasingly involved. The oldest nature reserve in the Netherlands is the Naardermeer, twenty kilometres east of Amsterdam. It lies almost on the very edge of IJsselmeer and provides a prime breeding-ground for cormorants, spoonbills and herons. In the west and north of the country there are other conservation areas of reedy marshlands criss-crossed by streams, with an occasional patch of open water. To name a few: 'De Weerribben' in the north of 'Overijssel'; 'Het Prinsenhof', south-east of Leeuwarden in Friesland and then, right in the centre of the Randstad, the Woerden and Nieuwkoop Lakes. There are also some very well known natural parks in the east and south of the country, the higher, sandy regions. The 'Hoge Veluwe' national park is north of Arnhem and also contains the Museum Kröller-Muller with its internationally renowned collection of modern and Impressionist art. The 'Haarler and Holterberg' region east of Deventer is another national park as are the 'Drunense Duinen' (see p. 77), to the north of Tilburg. Animals most frequently found in these parks are deer, boar and small game such as hare, rabbit and pheasant. In the very south of Limburg, the conservation area known as 'Het Geuldal' (see p. 74, 75) boasts a magnificent landscape of ondulating woody hills alternating with green fields and pastures.

Trotz der enormen Bevölkerungsdichte gibt es in den Niederlanden ausgedehnte Naturparke. Ganz früher war Naturschutz meistens eine Eigeninitiative, erst als man später seine dringende Notwendigkeit erkannte, stellte man ihn unter staatliche Aufsicht. Der älteste Naturpark der Niederlande ist das Naardermeer, 20 Kilometer östlich von Amsterdam am Rande des IJsselmeers, gelegen. Hier brüten jedes Jahr noch seltene Wasservögel: Kormorane, Reiher und Löffelgänse. Im westlichen und nördlichen Teil Hollands gibt es ähnliche Naturreservate, schilfreiche, von Seen durchsetzte Moorgebiete. Einige von ihnen sind: Die 'Weerribben' in nördlichen Teil der Provinz Overijssel, der 'Prinsenhof' südöstlich von Leeuwarden in der Provinz Friesland, mitten im westlichen Städteballungsgebiet liegen die 'Woerdense Plassen' und die 'Nieuwkoopse Plassen'. Auch in den Heide- und Sandgebieten des Ostens und Südens findet man bekannte Naturschutzparke, wie den Nationalpark 'Hoge Veluwe' nördlich von Arnhem, auf dessen Terrain sich das berühmte Museum Kröller-Müller befindet, wegen seiner Kollektion moderner Gemälde ein Begriff in der ganzen Welt. Gebiete wie der 'Haarler- und Holterberg' östlich von Deventer und die 'Drunense Duinen' nördlich von Tilburg (siehe Seite 77) sind sehr wildreich, und Hirsche, Wildschweine, Rehe, Hasen und Fasane finden hier den optimalen Lebensraum. Das 'Geuldal' (siehe Seite 74 und 75) im südlichsten Zipfel der Provinz Limburg besteht aus einer prächtigen, von Hügeln durchzogenen Wald- und Wiesenlandschaft.

En dépit de la densité de population élevée, il y a encore de la place sur le territoire néerlandais pour de vastes réserves naturelles. Autrefois, la protection de la nature était laissée à l'initiative privée, mais la nécessité de conserver à tout prix tout ce qui vit et croît a poussé les autorités à prendre des mesures. La plus ancienne réserve naturelle des Pays-Bas est celle de Naardermeer, à vingt kilomètres à l'est d'Amsterdam. Située pratiquement en bordure de l'IJselmeer, elle constitue le site de nidification par excellence des cormorans, des avocettes et des hérons. L'Ouest et le Nord des Pays-Bas renferment bon nombre de roselières traversées par des fossés avec ici et là un étang. Pour n'en citer que quelques-unes: «De Weerribben» dans l'Overijssel septentrional, «Het Prinsenhof» au sud-est de Leeuwarden en Frise, les étangs de Woerden et de Nieuwkoop au centre de la «Randstad». Les parcs naturels les plus connus de l'Est et du Sud du pays (et dès lors situés sur les plus hautes étendues sablonneuses) sont les suivants: le parc national de la «Hoge Veluwe» au nord d'Arnhem (dans le parc se trouve le musée Kröller-Müller qui renferme une collection mondialement connue de peintures impressionnistes et modernes), le territoire du «Haarlerberg» et du «Holterberg» à l'est de Deventer, et les «Drunense Duinen» au nord de Tilburg (voir p. 77). Ces parcs abritent surtout des chevreuils, des cerfs, des sangliers, et du petit gibier: lièvres, lapins et faisans. La réserve naturelle «Het Geuldal» (voir pp. 74 et 75), à l'extrême-sud du Limburg, présente un merveilleux paysage de collines boisées alternant avec de verts pâturages.

Speenkruid
Lesser celandine
Scharbockskraut
Ficaire

Paardebloem
Dandelion
Kuhblume
Pissenlit

Gele lis
Yellow flag
Wasserschwertlilie
Glaïeul

Kla
Cle
Kle
Tr

Grofplaatrussula
Blackening russula
Schwarze Russula
Russule noir

Bruine ringboleet
Bolete
Butterpilz
Bolet

Vliegenzwam
Fliegenpilz
Deathcap
Fausee oronge

Oranjegroene melkzwa
Saffron milkcap
Blutreizker
Lactaire

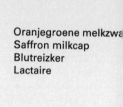

Beuk
Beech
Buche
Hêtre

Populier
Poplar
Pappel
Peuplier

Den
Pine
Kiefer
Pin

Spar
Spru
Ficht
Sapir

Fauna

Eend Duck Ente Canard	Reiger Heron Reiher Héron	Fuut Great creasted grebe Haubentaucher Grèbe huppé	Zwaan Swan Schwan Cygne
Haas Hare Hase Lièvre	Konijn Rabbit Kaninchen Lapin	Egel Hedgehog Igel Hérisson	Eekhoorn Squirrel Eichhörnchen Écureuil
Otter Otter Otter Loutre	Vos Fox Fuchs Renard	Wildzwijn Boar Wildschwein Sanglier	Damhert Deer Damhirsch Daim

Er staan in Nederland naar schatting nog ongeveer 300 kastelen, maar men moet die benaming dan wel in de ruimste zin opvatten. Middeleeuwse burchten, omgeven door een brede slotgracht met ophaalbrug, hoge torens en kantelen, zijn er niet zo veel meer, maar wel zijn er nog vele behuizingen van de vroegere plattelandsadel, vaak omgeven door prachtige parken en bossen. Het talrijkst zijn de kastelen in Gelderland en het noorden van Limburg, maar ook in het oosten van Overijssel zijn er nog vele, sommige nog bewoond, andere ingericht als museum. Een der oudste kasteelrestanten in het westen vindt men in Leiden, de Burcht (1), bestaande uit een kunstmatig opgeworpen heuvel, waarvan de ongeveer 12 meter hoge platte top door een ringmuur wordt omsloten. De ruïne van het kasteel Batenburg in Gelderland (2) is van het voorgaande type een verbeterde vorm. Het slot te Muiden (3), in de 13de eeuw gebouwd, is een prachtig voorbeeld van een goed geconserveerd middeleeuws kasteel, wat niet gezegd kan worden van wat er nog over is van het kasteel van de familie Van Brederode bij Velsen (4), uit ongeveer dezelfde tijd, maar nu niet meer dan een fraaie ruïne, de flauwe echo van een roemrijk verleden.

There are still an estimated 300 castles in the Netherlands but that designation should be taken in the widest sense of the word. Mediaeval fortresses with a moat and drawbridge, battlements and turrets are not so common, but there are many ancient houses, the former seats of the country nobility, which are often surrounded by magnificent private parks and woods. Most of these castle-houses are found in Gelderland and the north of Limburg, and there are also plenty in the eastern part of Overijssel some of which are still inhabited, others converted into museums. One of the oldest castle remains in the west is the 'Burcht' at Leiden (1): an artificial hill, about 12 metres high whose flat top is encircled by a wall. The ruined castle 'Batenburg' in Gelderland (2) is of the same type in an improved version. 'Muiden' castle (3) was built in the 13th century and is a splendid example of a well preserved mediaeval castle. That hardly applies to what is left of the 'Van Brederode' family home at Velsen (4) dating from about the same time; a fine ruin that is nothing more than the weak echo of a great past.

In den Niederlanden gibt es schätzungsweise noch 300 Schlösser, wobei man den Begriff 'Schloss' allerdings recht vorsichtig interpretieren sollte. Mittelalterliche Burgen, mit hohen Türmen und Zinnen, umgeben vom Schlossgraben mit der Zugbrücke, sind inzwischen in der Minderzahl. Dagegen gibt es noch viele Herrenhäuser ehemaliger Landadliger, meistens in herrlichen Parks oder baumreicher Landschaft gelegen. Die meisten Schlösser findet man in der Provinz Gelderland und im Norden Limburgs, aber auch der östliche Teil Overijssels ist noch gut bestückt. Einige von ihnen sind auch heute noch bewohnt, viele dienen jedoch jetzt als Museum. Einer der ältesten Burgüberreste, die 'Burcht' (1), befindet sich in der Stadt Leiden, der 12 Meter hohe, künstlich aufgehäufte Hügel wird durch eine Ringmauer umfasst. Die Ruine des Schlosses 'Batenburg' in Gelderland (2) ist ein ähnlicher Bautyp. Das aus dem 13.Jahrhundert stammende Schloss zu 'Muiden' (3) ist ein gutes Beispiel einer prächtig erhaltenen mittelalterlichen Burg, was man von der Ruine des aus der gleichen Periode stammenden Schlosses der Familie 'Van Brederode' bei Velsen (4) leider nicht behaupten kann.

Le patrimoine architectural des P Bas est riche de 300 châteaux en viron, mais il faut toutefois prend cette dénomination dans son ser large. De véritables châteaux-for entourés par un large fossé de fo cation, avec pont-levis, tours et c neaux, il n'y en a plus beaucoup; contre, il subsiste encore pas ma résidences de la noblesse terrien généralement entourées de merv leux parcs et bois. Les plus nombreuses se trouvent en Gelderlan au Limbourg septentrional; on er rencontre aussi un certain nombr dans l'Est de l'Overijssel, toujour habitées ou transformées en mus Le «Burcht» (1), à Leiden, est l'un plus anciens châteaux de l'Ouest pays; cette citadelle fut construite une butte de 12 m de haut enviro dont le sommet plat est couronne d'un rempart circulaire. La ruine château de «Batenburg» (2), en Gelderland, constitue une variant améliorée du type précédent. Le château de «Muiden» (3), constru au XIIIe siècle, fournit un magnifi exemple de château médiéval bie conservé; ce qui est loin d'être le du château de la famille «Van Bre rode» près de Velsen (4), qui date peu près de la même époque: il n reste qu'une jolie ruine, écho modeste d'un passé glorieux.

Wie van Utrecht naar Amsterdam rijdt via de oude rijksstraatweg langs de rivier de Vecht kan zich moeilijk voorstellen, dat dit eens een grensrivier was, waar menigmaal het wrekend zwaard werd getrokken. Legertjes van de bisschop van Utrecht en van de graaf van Holland bevochten hier elkaar keer op keer, maar in de 17de eeuw was het met die lokale ruzies al lang gedaan en vestigden rijke kooplieden er hun buitenplaatsen. Daarvan zijn er nu nog vele bewaard gebleven, zoals het kasteel Nederhorst, dat uit 1257 dateert en waar families met klinkende namen zoals Godard van Reede, Van Tuyll van Serooskerke en graaf Van Bylandt hebben gewoond. Nu is er onder andere een filmstudio gevestigd. Vreedenhoff (gebouwd 1713) is vooral beroemd om zijn tuinhek, waarvoor de eigenaar eens een ton gouds heeft betaald. Czaar Peter de Grote van Rusland heeft er ooit gelogeerd. Oudaen is een ridderslot, dat in de 14de eeuw is gebouwd en Goudestein, nu gemeentehuis van Maarssen, is eeuwenlang in het bezit geweest van de rijke Amsterdamse familie Huydecoper.

Anyone travelling from Utrecht to Amsterdam along the old highway that follows the River Vecht can scarcely imagine that this was once a frontier river where many an avenging sword was drawn. Small armies of the Bishop of Utrecht and the Count of Holland frequently met in battle here but by the 17th century these local squabbles had become a thing of the past and the river became a favoured location for the country estates of rich merchants. Many of these houses remain, like 'Nederhorst' dating from 1257 and once the home of families with resounding names like Godard van Reede, Van Tuyll van Serooskerke and Count Van Bylandt. Nowadays, it is used as a film studio. 'Vreedenhoff' (built in 1713), is especially celebrated for its entrance gate which cost a sometime owner one hundred thousand guilders in gold. Once, Peter the Great, Czar of Russia sojourned there. 'Oudaen' is a knight's castle built in the 14th century and 'Goudestein', now the town hall of Maarssen, was in the hands of the wealthy Amsterdam family of Huydecoper for many centuries.

Wer heute entlang dem Flüsschen Vecht über die alte Reichsstrasse von Utrecht nach Amsterdam fährt, kann sich nur noch schwerlich vorstellen, dass dies einst ein heiss umkämpfter Grenzfluss gewesen ist, an dem sich die Armeen des Bischofs von Utrecht mit denen des Grafen von Holland erbitterte Gefechte lieferten. Im 17.Jahrhundert war das Kriegsgeschrei jedoch verstummt, und aus dem Schlachtfeld wurde ein bevorzugtes Gebiet für die Sommersitze reicher Kaufleute. Sehr viele von ihnen sind erhalten geblieben, wie auch Schloss 'Nederhorst', ursprünglich errichtet im Jahre 1257. Viele berühmte Familien haben hier gewohnt: Godard van Reede, Van Tuyll van Serooskerke und Graf Van Bylandt. Heute ist hier ein Filmstudio. Schloss 'Vreedenhoff' (1713 erbaut) ist vor allem wegen seines Gartengitters berühmt, für das der Besitzer einst ein Fass Gold bezahlte. Erwähnenswert ist auch, dass Zar Peter der Grosse hier gewohnt hat. Schloss 'Oudaen' ist eine im 14.Jahrhundert gebaute Ritterburg, und Schloss 'Goudestein', jetzt Rathaus von Maarssen, war jahrhundertelang im Besitz der reichen Amsterdamer Familie Huydecoper.

Quiconque se rend d'Utrecht à Amsterdam par l'ancienne route longeant le Vecht peut difficilement imaginer que ce fleuve constituait autrefois une frontière naturelle, où l'épée vengeresse sortit maintes fois de son fourreau. Les armées de l'évêque d'Utrecht et du comte de Hollande combattirent ici à diverses reprises. Au XVIIe siècle, alors que l'écho de ces querelles intestines s'était dissipé depuis longtemps, de riches marchands fixèrent dans cette région leur résidence de campagne. Beaucoup d'entre elles ont été conservées, tel le château «Nederhorst»; cet édifice de 1257 a abrité des familles au nom glorieux: Godard van Reede, Van Tuyll van Serooskerke et le comte van Bylandt. Il est aujourd'hui reconverti en studio de cinéma. «Vreedenhoff» (construit en 1713) est surtout connu pour la grille de son parc, pour laquelle le propriétaire paya une tonne d'or. Le tsar Pierre le Grand de Russie y logea. Le château-fort de «Oudaen» date du XIVe siècle, et «Goudestein», l'actuelle mairie de Maarssen, fut pendant des siècles la propriété d'une riche famille amstellodamoise, les Huydecoper.

Nederhorst

Vredenhoff

St. Pieters

Goudestein

Musea	Museums	Museen	Musées

Rijksmuseum
Stadhouderskade 42, Amsterdam

Europese schilderkunst 15de-19de eeuw, waaronder Rembrandt, Frans Hals en Vermeer; Aziatische kunst; beeldhouwkunst en kunstnijverheid; Rijksprenten kabinet; nederlandse geschiedenis.

European paintings 15th-19th century, including Rembrandt, Frans Hals and Vermeer; Asian art; sculpture and decorative arts; history of the Netherlands.

Europäische Malerei 15.-19. Jahrhundert, darunter Rembrandt, Frans Hals und Vermeer; Asiatische Kunst; Bildhauerkunst und Kunstgewerbe; niederländische Geschichte.

Peinture européenne du XVe - X siècle: Rembrandt, Frans Hals et Vermeer; art Asiatique, sculptur art décorative; histoire des Pays-

Stedelijk Museum
Paulus Potterstraat 13, Amsterdam

Moderne schilderkunst en beeldhouwkunst met werken van Chagall, Mondriaan, Dubuffet, Appel en Picasso.

Modern paintings and sculptures including paintings by Chagall, Mondriaan, Dubuffet, Appel and Picasso.

Moderne Malerei und Bildhauerkunst mit Gemälden von Chagall, Mondriaan, Dubuffet, Appel und Picasso.

Peintures et sculptures moderne avec oeuvres de Chagall, Mondri Dubuffet, Appel et Picasso.

Rijksmuseum Vincent van Gogh
Museumplein, Amsterdam

300 schilderijen, 500 tekeningen en brieven van Vincent van Gogh. Verder schilderijen en tekeningen van tijdgenoten als Gauguin en Manet.

300 paintings, 500 drawings and letters by Vincent van Gogh as well as paintings and drawings by contemporaries as Gauguin and Manet.

300 Gemälde, 500 Zeichnungen und Briefe von Vincent van Gogh. Weiter gibt es Werke von Zeitgenossen wie Gauguin und Manet.

300 tableaux, 500 dessins et lettr de Vincent van Gogh. Ensuite de oeuvres des contemporains com Gauguin et Manet.

Musea	Museums	Museen	Musées

Haags Gemeentemuseum
Stadhouderslaan 41, 's-Gravenhage

Algemeen museum. De collectie schilderkunst omvat o.a. schilderijen van de Haagse School en Mondriaan. De collectie beelden dateert van de 19de eeuç tot heden. Verder o.m. kunstnijverheid, aardewerk, glas en muziekinstrumenten.

General museum. The collection of paintings includes works by Mondriaan; sculptures from the 19th century; decorative arts, glass and musical instruments.

Algemeines Museum. Die Sammlung enthält Gemälde u.a. viele Gemälde von Mondriaan, Bildhauerkunst aus den 19. Jahrhundert, Kunstgewerbe und einer Musikinstrumenten-sammlung.

Musée générale. La collection comprend peintures (Mondriaan), sculptures du XIXe siècle, arts décoratives et des instruments de musique.

Museum Boymans-Van Beuningen
Mathenesserlaan 18, Rotterdam

Oude en moderne kunst, waaronder schilderijen, tekeningen, beeldhouw-werken, porcelein, zilver en tin. De collectie omvat o.a. belangrijke schilderstukken van Van Eyck, Bosch, Brueghel, Rembrandt en Ruysdael.

Old and modern art, including paintings, drawings, sculpture, china ware, silver and tin. The collection contains important works by Van Eyck, Bosch, Brueghel, Rembrandt and Ruysdael.

Kunst vom Mittelalter bis zur Gegenwart, darunter Gemälde, Zeichnungen, Skulpturen, Porzellan, Silber und Zinn. Hauptwerken von Van Eyck, Bosch, Brueghel, Rembrandt und Ruysdael.

Arts classiques et modernes: peinture, sculpture, porcelaine, argent et étain. Des oeuvres importants de Van Eyck, Bosch, Brueghel, Rembrandt et Ruysdael.

Rijksmuseum Kröller-Müller
Nationaal Park 'De Hoge Veluwe', Otterlo

Museum voor moderne kunst: schilderkunst, beeldhouwkunst en keramiek. Beroemde werken van o.a. Braque, Van Gogh, Picasso, Juan Gris, Léger en Mondriaan.

Modern art museum: paintings, sculptures and ceramics. Famous works by Braque, Van Gogh, Picasso, Juan Gris, Léger and Mondriaan.

Moderne Kunstmuseum: Malerei, Skulpture und Keramik. Berühmte Werken von Braque, Van Gogh, Picasso, Juan Gris, Léger en Mondriaan.

Musée des Arts Modernes: Peinture, sculpture et céramique. Des oeuvres fameux de Braque, Van Gogh, Picasso, Juan Gris, Léger et Mondriaan.

De molenaarszoon uit Leiden, wiens achternaam nauwelijks bij het publiek bekend is, maar zijn voornaam des te beter - Rembrandt - is wel de grootste onder de grote schilders van de 17de eeuw. Hij werd geboren in 1606 en vestigde zich in 1634 in Amsterdam, waar hij de rijke en mooie Saskia van Uylenburgh trouwde en weldra grote faam verwierf. Zijn doeken zijn thans over de gehele wereld verspreid, maar het Rijksmuseum in Amsterdam bezit zijn grootste en beroemdste, hoewel misschien niet zijn mooiste schilderstuk, dat onder de naam De Nachtwacht bekend is geworden. Rembrandt heeft echter ook veel etsen en vooral ook tekeningen nagelaten - ongeveer 1600 stuks - waarvan het onderstaande er één is: een landschap in Gelderland, een weids panorama van het toen nog vrijwel onbewoonde gebied. Een karrespoor, wat bomen, een kerktoren in de verte, snel en vaardig vastgelegd.

The miller's son from Leiden whose surname commands but little fame, is all the better known as Rembrandt, recognized as the greatest of all the outstanding painters of the 17th century. He was born in 1605, established himself in Amsterdam in 1634, married the wealthy and beautiful Saskia van Uylenburgh and rapidly acquired great fame. Today, his canvasses are spread throughout the world but the Rijksmuseum in Amsterdam possesses his biggest and most famous if not best work, popularly known as 'The Nightwatch'. In addition, Rembrandt also produced a large number of etchings and, more particularly, drawings. In all, there are about 1600 of these of which this is one: a landscape in Gelderland depicting a wide panorama of countryside that was then almost uninhabited. We see a cart track, a few trees and a church tower in the distance, executed with a sure and rapid touch.

Der Müllerssohn aus Leiden, unter seinem Familiennamen kaum bekannt, unter seinem Vornamen - Rembrandt - weltberühmt, gilt als der bedeutendste Maler des 17.Jahrhunderts. Er wurde im Jahre 1606 geboren und liess sich 1634 in Amsterdam nieder, wo er die schöne und reiche Saskia van Uylenburgh heiratete und sehr schnell grossen Ruhm erwarb. Seine Bilder findet man heute in jedem Museum der Welt, das bekannteste jedoch ist im Besitz des Rijksmuseums in Amsterdam: Die monumentale 'Nachtwache', zwar nicht sein schönstes Gemälde, sicher aber ein Meilenstein der Kunstgeschichte. Rembrandt schuf ausserdem viele Zeichnungen und Radierungen - ungefähr 1600 -, von denen unten eine abgebildet ist. Eine Impression einer gelderschen Landschaft, damals noch so gut wie unbewohnt: ein panoramischer Blick in die Weite, im Hintergrund ein Kirchturm, Bäume, vorne eine Wagenspur - eine meisterliche Darstellung des holländischen Landschaftstyps.

Le fils du meunier de Leiden, dont nom de famille est peu connu du grand public, mais dont le prénom Rembrandt - ne l'est que trop, est bien le plus grand parmi les grands peintres du XVIIe siècle. Né en 16 il se fixa en 1634 à Amsterdam, o épousa la riche et jolie Saskia van Uylenburgh et connut bientôt la gloire. Ses toiles sont aujourd'hui dispersées dans le monde entier, mais le Rijksmuseum d'Amsterdam possède la plus grande et la plus connue, si pas la plus jolie, de ses œvres: la «Ronde de Nuit». Rembrandt a laissé beaucoup d'eaux-fortes et surtout beaucoup de dessins - 1600 environ -, dont vous trouvez un exemple ci-dessous: u paysage de Gelderland, vaste panorama d'une région encore assez peuplée. Une ornière, quelques arbres, un clocher dans le lointain, voilà qui est promptement et habilement dessiné.

Tal van Nederlandse schilders hebben hetzij tijdelijk, hetzij voorgoed, het buitenland verkozen voor de eigen, vertrouwde omgeving en niet zelden hebben zij juist in den vreemde de naam gemaakt, zoals Alma Tadema, Vincent van Gogh, Jongkind, Kees van Dongen en Piet Mondriaan. In de 17de eeuw bestond er in Rome al een club van Hollandse schilders, die zich de Bentvueghels noemde. De Vlaamse schilder Jan Asselijn (1610-1652) heeft hen op een van zijn doeken vereeuwigd, terwijl ze buiten aan het werk zijn. Asselijn werkte ook in Lyon en in Amsterdam. - De domineeszoon Vincent van Gogh (1853-1890) vond in zijn geboorteland helemaal geen rust. Hij mislukte als predikant, nadat hij al een tijdje in een kunsthandel had gewerkt. Een tijdje was hij hulpprediker in Londen en daarna werkte hij onder de mijnwerkers in de Belgische Borinage. Pas daarna legde hij zich geheel op tekenen en schilderen toe. Hij vertrok tenslotte naar Frankrijk. Het hier afgebeelde zelfportret dateert van 1885, toen hij in Arles woonde. Op 27 juli 1890 pleegde hij zelfmoord, een collectie van honderden toen nog vrijwel onverkoopbare schilderijen achterlatend.

Many Dutch painters have chosen to live, either permanently or for some time, abroad, away from old, familiar surroundings. Often too, it was there that they made their name, like Alma Tadema, Vincent van Gogh, Jongkind, Kees van Dongen and Piet Mondriaan. As early as the 17the century there was a club of Dutch painters in Rome who called themselves the 'Bentvueghels'; the Flemish painter Jan Asselijn (1610-1652) immortalized them in his works. Asselijn was also active in Lyon and Amsterdam. The Minister's son Vincent van Gogh (1853-1890) found himself unable to fit into his native land. An attempt to become a preacher, after he had worked for an art dealer for some time, failed. For a little while he was an assistant preacher in London, followed by a period of working among the mineworkers of Borinage in Belgium. Only after that did he dedicate himself entirely to painting and drawing. Finally, he went to France. The self-portrait reproduced here dates from 1885 when he was living in Arles. On 27 July 1890 Van Gogh committed suicide, leaving a collection of hundreds of paintings which were then practically unsaleable.

Viele holländische Maler sind im Lauf der Geschichte ins Ausland gegangen, manche vorübergehend, manche für immer, und oft ist ihr Ruhm in der Fremde entstanden, wie bei Vincent van Gogh, Jongkind, Van Dongen, Piet Mondriaan und Alma Tadema. Schon im 17.Jahrhundert gab es in Rom eine Vereinigung holländischer Maler, die sich 'Bentvueghels' nannte. Der flämische Maler Jan Asselijn (1610-1652) hat diese Gilde auf einem seiner Gemälde verewigt. Auch der Pfarrerssohn Vincent van Gogh (1853-1890) fand keinen Seelenfrieden in seiner holländischen Heimat, seine Sensibilität liess ihn an den Berufsanläufen zum Kunsthändler und Prediger scheitern, sein Drang zur Farbe und zum Licht führte ihn in die französische Provence. Das hier abgebildete Selbstporträt datiert aus dem Jahre 1885, als er in Arles wohnte. Am 27.Juli 1890 beging er Selbstmord, er starb unbeachtet von der Kunstwelt und liess hunderte von Gemälden nach, die damals unverkaufbar waren.

Bon nombre de peintres néerlandais ont, temporairement ou définitivement, choisi de vivre à l'étranger et s'y sont fait un nom: par exemple Alma Tadema, Vincent van Gogh, Jongkind, Kees van Dongen et Piet Mondriaan. Au XVIIe siècle, il existait à Rome un cercle de peintres hollandais. Ce sont les «Bentvueghels», que le peintre flamand Jan Asselijn (1610-1652), qui travailla aussi à Lyon et à Amsterdam, immortalisa sur l'une de ses toiles. Vincent van Gogh (1853-1890), fils de pasteur, ne trouva pas la paix dans sa patrie; après avoir travaillé un temps dans le commerce des arts, il échoua comme prédicateur. Il partit comme évangélisateur à Londres, puis travailla parmi les mineurs dans le Borinage. Ce n'est qu'après qu'il se consacra totalement au dessin et à la peinture. Il s'installa finalement en France. L'autoportrait reproduit ici date de 1885, alors qu'il habitait en Arles. Le 27 juillet 1890, il se suicida, laissant derrière lui une collection de plusieurs centaines de toiles, qui à l'époque étaient pratiquement invendables.

Het heeft lang geduurd vóór de staatkundige eenheid tot stand kwam van het kleine gebied in Noordwest-Europa, dat nu Nederland heet. Tot het einde van de middeleeuwen maakten de onderscheidene gewesten, waarin dit gebied was verdeeld, deel uit van de reusachtige rijken van Bourgondische of Habsburgse vorsten, die echter vaak weinig zeggenschap hadden over hun onderhorigen, de graven en hertogen, die namens de soevereine vorst een deel van het rijk bestuurden. Daarin kwam verandering, toen keizer Karel V in de eerste helft van de 16de eeuw met krachtige hand het centrale gezag herstelde en de zeventien Nederlandse gewesten (ongeveer het grondgebied van het tegenwoordige Nederland, België en Luxemburg samen) tot één politieke eenheid smeedde. Dit viel ongeveer samen met de grote geestelijke ommekeer - hervorming en humanisme - die zich in een groot deel van Europa voltrok en die deze gewesten allerminst onberoerd liet. De spanningen kwamen echter pas goed aan de oppervlakte nadat Karel V in 1555 afstand had gedaan van de troon ten behoeve van zijn zoon Philips II. Deze gaf echter de voorkeur aan het zonnige Spanje boven het hof in het kille Brussel, vertrok naar Madrid om van daar uit zijn wereldrijk te besturen en liet strenge orders achter tot handhaving van het bestaande gezag en bestrijding van de ketterij.
Het gezag over de Nederlanden kwam nu feitelijk in handen van de Spaanse hertog van Alva, die met

It took a long time for the tiny area of Northwest Europe now known as the Netherlands to achieve full single-nation statehood. Until the end of the Middle Ages the individual regions in which the area was divided formed part of the immense domains of Burgundian or Habsburg rulers who often had little authority over the subject counts and dukes who governed in the sovereign's name. This situation changed when, in the 16th century, Emperor Charles V restored central power with a firm hand and forged the seventeen Netherlands regions (about the size of the present Netherlands, Belgium and Luxemburg combined) into a single political unit. The event more or less coincided with the great intellectual change (Reformation and the advent of Humanism) that was sweeping a large part of Europe, leaving this part of it anything but unaffected. However, tensions really came to the fore when Charles V abdicated in favour of his son, Philip II, in 1555. The latter preferred the sunny climes of Spain to the chilly court at Brussels and departed for Madrid. From there, he governed his world empire, distributing strict orders to maintain the existing order and suppress heresy. The government of the Netherlands was now virtually carried out by the Spanish Duke of Alva who ruled with a heavy hand and sent hundreds to the scaffold who protested the Reformation or sought to lift the burden

Es hat eines sehr langen geschichtlichen Prozesses bedurft, ehe das kleine Gebiet in Nordwest-Europa, das jetzt Holland heisst, eine politische Einheit wurde. Gegen Ende des Mittelalters formten die verschiedenen Provinzen einen Teil des mächtigen burgundischen oder habsburgischen Reiches, die souveränen Fürsten hatten jedoch wenig Einfluss auf jene Herzöge und Grafen, die in ihrem Namen Teile des Reiches regierten. Das veränderte sich, als Kaiser Karl V. in der ersten Hälfte des 16.Jahrhunderts mit eisernem Griff die zentrale Macht wiederherstellte, und die 17 niederländischen Provinzen (ungefähr das Grundgebiet des heutigen Holland, Belgien und Luxemburg) in einen politischen Verbund brachte. Dies geschah parallel mit der Zeit der geistigen Erneuerung - der Reformation und des Humanismus -, die sich über ganz Europa ausbreitete, sich aber in den Provinzen der Niederlande am meisten bemerkbar machte. Die schon vorhandenen Spannungen eskalierten jedoch, als im Jahre 1555 Karl V. abdankte und den Thron seinem Sohn Philipp II. übergab. Dieser zog das sonnige Spanien dem eher kühlen Klima des Brüsseler Hofes vor und setzte sich nach Madrid ab, von wo er fortan sein Weltreich regierte. Seine Gesetzgebung zum Schutz der bestehenden Machtsstruktur war sehr streng, besonders lag ihm die Ausrottung der 'Ketzerei' am Herzen. Die Exekutivgewalt über die Niederlande legte Philipp in die Hände des spanischen Herzogs Alva,

Ce petit territoire du Nord-Ouest l'Europe, que l'on appelle aujourd'hui les Pays-Bas, mit lor temps à réaliser son unité politic Jusqu'à la fin du Moyen Age, les verses régions qui le constituaie faisaient partie des immenses er pires des souverains bourguigno et des Habsbourg; ceux-ci n'exerçaient souvent qu'une aut limitée sur leurs vassaux, les cor et les ducs qui gouvernaient cha une portion du pays en leur nom Cette situation prit fin durant la p mière moitié du XVIe siècle, lors Charles Quint rétablit le pouvoir central avec une ferme autorité e forgea l'unité des XVII provinces, correspondant à peu près aux te ritoires actuels de la Belgique, du Luxembourg et des Pays-Bas réu Cette unification s'accompagna c grand essor spirituel - la Réforme l'humanisme -, qui s'étendit à tou l'Europe. Les tensions resurgiren après l'abdication de Charles Qui en 1555. Son fils Philippe II préfé en effet l'Espagne ensoleillée à la Cour glaciale de Bruxelles. C'est Madrid qu'il régna sur son empir universel, en donnant des consig sévères pour maintenir le pouvoi central et lutter contre les jacque Aux Pays-Bas, l'autorité réelle éta exercée d'une main de fer par le d'Albe; celui-ci envoya à l'échafa par centaines les personnes qui osaient demander des réformes e souhaitaient un allègement des ir pôts. Un petit groupe de nobles, conduits par le prince Guillaume d'Orange, de la maison allemand

harde hand regeerde en honderden, die op hervorming en verlichting der lasten aandrongen, op het schavot bracht. Een kleine groep edelen onder leiding van prins Willem van Oranje, een telg uit het Duitse huis Nassau, besloot tot de opstand (1568), die uitgroeide tot een tachtigjarige oorlog. Aanvankelijk behield Alva het overwicht - Haarlem (zie beneden) moest bijvoorbeeld na een maandenlang beleg door honger het verzet staken - en op steun van buitenaf hoefden de opstandige Nederlanders niet te rekenen. Geleidelijk echter keerden de kansen, vooral nadat in 1579 zeven gewesten te Utrecht de politieke grondslag legden voor een nieuwe staatsvorm: de Republiek der Zeven Verenigde Nederlanden.

Pas in 1648 kwam het einde van de oorlog: het machtige Spanje erkende de onafhankelijkheid van de republiek, die zich nu als een geduchte militaire, politieke en vooral economische macht kon ontplooien, waarvoor reeds tijdens de oorlog de basis was gelegd. Hoewel nu andere vijanden kwamen opdagen, met name Engeland (in korte tijd zouden drie zee-oorlogen met dit land moeten worden uitgevochten) kenmerkte de 17de eeuw, die terecht de Gouden Eeuw is genoemd, zich door een onvoorstelbare economische en vooral ook culturele bloei. Amsterdam groeide uit tot het financiële centrum van het toenmalige Europa, de handelsvloot van de Republiek beheerste de zeeën en haar militaire macht werd in de gehele wereld erkend en gevreesd.

of oppression. A small group of nobles, led by Prince William of Orange, a member of the German house of Nassau, decided to organize a revolution (1568) which developed into the Eighty Years' War. Initially, Alva retained the balance of power; Haarlem (see below), for instance, had to yield when the food supply ran out after several months' siege. Nor could the Dutch count on outside help in their revolution. Gradually, however, fortunes turned especially after seven provinces conjoined, in 1579, to establish the political foundations of a new-type state at Utrecht, known as the Republic of the Seven United Netherlands.

The end of the war only came in 1648: mighty Spain acknowledged the independence of the Republic, which was now ready te develop to the full the formidable military, political and especially economic power that had been built up during the war. Despite the fact that new enemies quickly appeared, in particular England (three wars were fought at sea within a short time-span), the 17th century, rightly known as the Golden Age, stands out as a period of unprecedented economic and cultural achievement. Amsterdam blossomed into the financial centre of Europe, the merchant fleet of the Republic ruled the seven seas and its military might was acknowledged and feared throughout the world.

der ein brutales und repressives Regiment führte und unzählige 'Ketzer' hinrichten liess. Eine kleine Gruppe Adliger unter der Führung von Prinz Wilhelm von Oranien (ein Zweig aus dem deutschen Haus Nassau) beschloss und begann den Aufstand (1568), der in einen achtzigjährigen Krieg ausartete. Herzog Alva behielt anfänglich die Überhand - Haarlem (siehe unten) zum Beispiel musste nach monatelanger Belagerung wegen einer Hungersnot kapitulieren -, denn auf Hilfe von aussen konnten die aufständischen Holländer nicht rechnen. Die Situation veränderte sich erst, als im Jahr 1579 in Utrecht sieben Provinzen den Grundstein zu einem neuen Staat legten: Die Republik der vereinigten Niederlande. Das Ende des Krieges kam 1648, als Spanien endlich die Unabhängigkeit der Republik anerkannte, die sich danach als politische und wirtschaftliche Macht entfalten konnte. Obwohl auch in der Zukunft noch andere Feinde auftauchen sollten (in kurzer Zeit fanden drei Seekriege mit England statt), ist das 17.Jahrhundert, mit Recht das goldene Jahrhundert genannt, gleichbedeutend mit unvorstellbarem wirtschaftlichen und kulturellem Reichtum. Amsterdam entwickelte sich zum 'Zentrum aller Dinge', die Handelsflotte beherrschte die Weltmeere und auch die Militärmacht wurde überall anerkannt und respektiert.

Nassau, décida de s'insurger en 1568; cette insurrection fut à l'origine de la Guerre de 80 ans. Le duc d'Albe eut d'abord le dessus - la résistance de Haarlem (voir ci-dessous) fut brisée à cause de la famine, après que la ville eut vaillamment soutenu un siège de plusieurs mois -, et les insurgés ne pouvaient compter sur une aide extérieure. La chance tourna peu à peu, surtout après la conclusion en 1579 de l'Union d'Utrecht, qui jeta les bases politiques de la République des Provinces Unies.

Cette guerre ne prit fin qu'en 1648: la puissante Espagne reconnut l'indépendance de la République, qui put désormais mettre en pratique ses théories militaires, économiques et politiques. Bien que d'autres ennemis apparurent à l'horizon, notamment l'Angleterre avec laquelle le nouvel Etat aurait à livrer trois guerres navales, le XVIIe siècle, appelé à juste titre le Siècle d'Or, se caractérisa par son essor économique, et surtout culturel, sans précédent. Amsterdam devint le centre financier de l'Europe et la flotte marchande de la petite République domina les mers; sa puissance militaire était reconnue et redoutée dans le monde entier.

Ofschoon op cultureel gebied met name de schilderkunst van de Gouden Eeuw Nederland grote bekendheid heeft gegeven moet de grote vlucht, die de beoefening der wetenschap hier in dezelfde jaren heeft genomen, niet worden onderschat. Talrijke geleerden, die elders niet de gelegenheid kregen hun talenten te ontplooien vestigden zich in de Nederlanden, bijvoorbeeld de Zuidnederlandse predikant Peter Plancius, die in zijn vrije tijd zeelieden onderwees in de aardrijkskunde en de zeevaartkunde en zelf zeekaarten en globes maakte. Belangrijke vindingen werden hier ook gedaan op het gebied van de natuurkunde, vooral dank zij een voortdurende verbetering van de techniek om lenzen te slijpen. De brillenmaker Hans Lipperhey uit Middelburg vervaardigde de eerste telescoop, Zacharius Jansen de verrekijker, de bioloog Jan Swammerdam ontdekte met zijn microscoop de bloedlichaampjes, Antonie van Leeuwenhoek de spermatozoën, Simon Stevin, wiskundige, voerde de tiendelige breuken in en beoefende behalve de water- en werktuigbouwkunde ook de aardrijkskunde en de sterrenkunde. Ongetwijfeld de belangrijkste geleerde uit deze eeuw is echter de wis- en natuurkundige Christiaan Huygens geweest, die met behulp van de telescoop onder meer de ring van Saturnus ontdekte en grote bekendheid kreeg door zijn slingeruurwerken. Van hem is ook de wet op het behoud van het arbeidsvermogen en de leer der kansberekeningen.
Niet minder waren de bijdragen van Nederlandse geleerden op het terrein van de rechtswetenschappen, de filologie en de wijsbegeerte. Hugo de Groot, auteur van boeken als Mare Liberum en De iure belli ac pacis, liet zich reeds als elfjarige inschrijven aan de Leidse universiteit. Baruch

Although the Netherlands have gained great fame through the cultural fruits of the Golden Age, particularly in respect of painting, the scientific progress that took place during the same period should not be overlooked. Scholars from elsewhere who were unable to exploit their scientific knowledge at home, settled in the Netherlands. One such was the preacher Peter Plancius from the South Netherlands, who taught geography and navigation in his free time and even made globes. Important scientific research was carried out as a result of continual improvements in optical techniques. Thus the spectacle maker from Middelburg, Hans Lipperhey, produced the first binoculars, Zacharius Jansen the telescope, whilst Jan Swammerdam, the biologist, discovered the presence of blood corpuscles with the aid of his microscope. Antonie van Leeuwenhoek identified spermatozoa and Simon Stevin, the mathematician, introduced the concept of decimal fractions, distinguished himself as a marine and civil engineer and was, besides, an eminent geographer and astronomer. The most important of the scholars of the time was undoubtedly Christiaan Huygens who not only discovered the rings of Saturn with the telescope he developed but also gained great renown with the pendulum clockworks he designed. To him are also attributed the law relating to the conservation of energy and the law of mathematical probability. The contribution of Dutch scholars in the fields of law, philology and philosophy was equally distinguished. Hugo de Groot, author of such works as 'Mare Liberum' and 'De iure belli ac pacis', inscribed himself at the University of Leiden at the age of eleven. Baruch Spinoza became one of the leading philosophers of the

Der spektakuläre Ruhm der niederländischen Malerkunst des 17.Jahrhunderts hat leider die wissenschaftlichen Errungenschaften der gleichen Periode etwas in Vergessenheit geraten lassen. Viele Gelehrte, die woanders keine Gelegenheit bekamen, ihre Talente zu entfalten, liessen sich in dieser Zeit in Holland nieder. Einer von ihnen war der Prediger Peter Plancius, der in seiner freien Zeit Seeleute in Geographie und Navigation unterrichtete und als einer der berühmtesten holländischen Kartographen gilt. Auch die Naturkunde machte grosse Fortschritte: Der Brillenmacher Hans Lipperhey aus Middelburg baute das erste Teleskop, Zacharias Jansen das erste Fernglas, der Biologe Jan Swammerdam entdeckte unter seinem Mikroskop die Blutkörper, Antonie van Leeuwenhoek die Samenkörperchen, und Simon Stevin, der gleichzeitig Werkzeugbaukundiger, Geograph und Astronom war, führte den zehnstelligen Bruch ein. Zweifellos der bedeutendste Gelehrte jenes Jahrhunderts war der Mathematiker und Physiker Christiaan Huygens, der den Ring um den Saturn entdeckte und durch seine Untersuchungen von Fall- und Pendelbewegungen als erster auf die 'Mechanik der festen Körper' hinwies. Nicht weniger wichtig waren die Beiträge aus Rechtswissenschaft, Philologie und Philosophie. Hugo de Groot (Grotius), Autor von Büchern wie 'Mare Liberum' und 'De iure belli ac pacis', liess sich schon als Elfjähriger an der Universität von Leiden immatrikulieren. Baruch Spinoza avancierte zum meistgelesenen Philosophen seines Jahrhunderts, Gerhard J. Vossius, klassischer Philologe und Historiker, schrieb seine bekannten lateinischen und griechischen Grammatiken, und Amsterdam wurde durch viele nach hier ausge-

Si l'essor culturel des Pays-Bas es alors dominé par la peinture du Siècle d'Or, il ne faut toutefois pa sous-estimer les progrès enregist dans le domaine des sciences à c époque. De nombreux savants, q ne purent développer leurs talent ailleurs, s'établirent aux Pays-Bas pasteur flamand Peter Plancius, o enseigna la géographie et l'art de navigation aux marins, dessina d cartes marines et fit des globes te restres. Des découvertes importa marquèrent également les scienc naturelles, surtout grâce aux prog réalisés dans le polissage des len tilles. L'opticien Hans Lipperhey, Middelburg, fabriqua le premier t scope; Zacharius Jansen, la lunet d'approche; l'entomologiste Jan Swammerdam découvrit les glob du sang à l'aide de son microscop Antonie van Leeuwenhoek, les sp matozoïdes. Simon Stevin introdu les fractions décimales et pratiqu aussi, outre l'hydrostatique et la r canique, la géographie et l'astron mie. Le savant le plus important d ce siècle est incontestablement le mathématicien et naturaliste Chri tiaan Huygens, qui découvrit notamment l'anneau de Saturne à l' du télescope; il acquit une grande renommée grâce à ses horloges à ressort. Il est aussi l'auteur de la l sur la conservation de l'énergie et la théorie du calcul des probabilit Les contributions des savants née landais aux développements du droit, de la philologie et de la phil sophie ne furent pas moindres. Hu de Groot (Grotius), auteur de livre tels que «Mare Liberum» et «De ju belli ac pacis», fréquentait l'univer sité de Leiden dès l'âge de 11 ans. Baruch Spinoza fut un des philoso phes les plus éminents du XVIIe siècle, mais il entra en conflit avec communauté judéo-portugaise do il était issu. L'Amstellodamois Ger

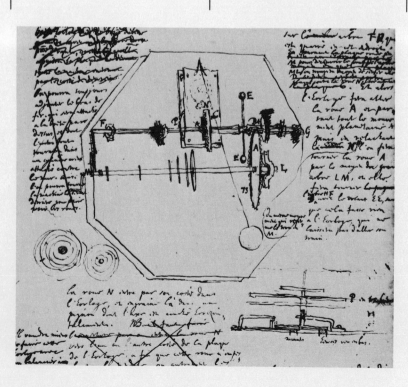

Kaart van Merc
Map by Mercat
Karte von Merc
Carte de Merca

Schets van Huygens voor een slingeruurwerk
Drawing by Huygens for a pendulum clock
Skizze von Huygens für eine Penduluhr
Plan de Huygens par une horloge à balancier

Spinoza werd een der leidende wijsgeren van de 17de eeuw (maar raakte daardoor wel in conflict met de joods-Portugese gemeente, waarvan hij lid was), de Amsterdamse hoogleraar Gerhard J. Vossius, klassiek filoloog en historicus, schreef een Latijnse en Griekse grammatica, Amsterdam werd mede dank zij een aantal naar hier uitgeweken Engelse geleerden, een centrum van de studie der Arabische talen. En ook elders in de wereld beoefenden Nederlanders de wetenschap. Zo vervaardigde de gouverneur van Malabar, Van Rheede van Drakestein, een twaalfdelige flora van tropische planten, de 'Malabarse Kruythof'. En deze opsomming zou onvolledig zijn zonder de naam van de geneeskundige Hermannus Boerhaave, hoogleraar te Leiden, wiens naam in de gehele beschaafde wereld van die tijd bekend was. 'Hij doorzocht lucht, water, aarde, land, veld, weide, akkers, woestenij, duin, rivierkant, strand, stilstaand water, meren, zee, put, kruid, puinhoop, holen, ja zelfs geheime vertrekken', aldus een bewonderende tijdgenoot. Alleen de alchimisten kwamen niet verder: het goud van de Gouden Eeuw had een andere glans dan zij nastreefden.

17th century (thereby coming into considerable conflict with the Jewish-Portuguese community of which he was a member) and the Amsterdam professor Gerhard J. Vossius, classical philologist and historian extraordinary, published his Latin and Greek grammar. Partly as a result of a number of expatriate English scholars, Amsterdam also became a centre of Arabic language studies. Elsewhere in the world too, Dutchmen accomplished great academic achievements. For example, Van Rheede van Drakestein, the Governor of Malabar, produced a twelve volume tropical flora, the 'Malabarse Kruythof'. This list would be incomplete whithout mention of Hermannus Boerhaave, professor at Leiden, whose name was celebrated throughout the civilized world. An admiring contemporary wrote: 'He searched through air, water, earth, land, field, pasture, meadow, dessert, dune, river bank, beach, still waters, lakes, sea, water-well, herb, dunghill, holes, yea, even secret recesses'. Only the alchemists failed to find their goal: the gold of the Golden Age had a different lustre from that pursued by them.

wichene englische Gelehrte ein Studienzentrum für arabische Sprachen. Aber auch in anderen Teilen der Erde blühte holländisches Geistesleben: So verfasste der Gouverneur von Malabar, Van Rheede van Drakestein, zwölf Bände über die tropische Flora mit dem Titel 'Malabarse Kruythof'. Diese historische Ehrengalerie wäre unvollständig, würde man nicht den Namen des Leidener Medizinprofessors Hermannus Boerhaave nennen, der in der gesamten zivilisierten Welt seiner Zeit ein Begriff war. Er war einer der Wegbereiter der praktischen Medizin und ein grosser Verfechter der Theorien des Hippokrates. Die Alchimisten hingegen konnten keine Fortschritte verbuchen: das Gold des Goldenen Jahrhunderts war von ganz anderer Beschaffenheit als das, nach dem sie suchten.

hard J. Vossius, historien et philologue classique, écrivit une grammaire latine et une grammaire grecque. Grâce à une importante émigration anglaise, Amsterdam devint un centre d'étude des langues arabes. A l'étranger également, les Néerlandais se distinguèrent dans le domaine des sciences. Ainsi Van Rheede van Drakenstein, gouverneur de Malabar, rédigea-t-il une flore tropicale en douze volumes «Malabarse Kruythof». Cette énumération trop succincte serait néanmoins incomplète si l'on n'y ajoutait au moins les noms du médecin Hermannus Boerhaave, professeur à Leiden, dont la réputation s'étendait alors à tout le monde civilisé. «Il explora l'air et l'eau, la terre et le sol, les champs et les prairies, les déserts et les dunes, les berges et les plages, les eaux dormantes, les lacs et les mers, les puits, les régions herbacées, les ruines et les cavernes, et même les lieux les plus secrets», écrit de lui un de ses contemporains plein d'admiration. Seuls les alchimistes ne firent pas mieux: le Siècle d'Or brillait d'un éclat supérieur à celui qu'ils convoitaient.

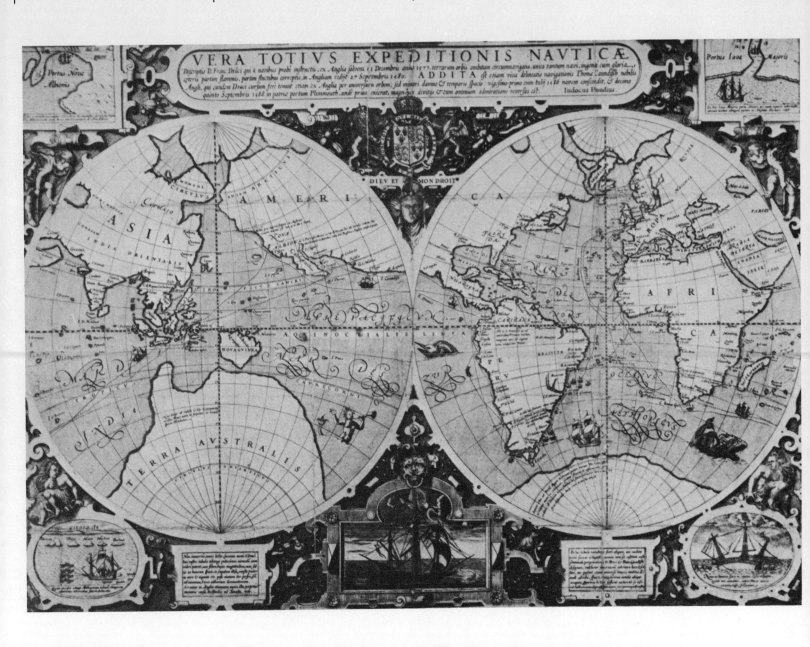

De meeste historische gebouwen in Nederland stammen uit de periode vanaf de 16de eeuw. Hiervoor zijn twee redenen aanwijsbaar: er was geld om te kunnen bouwen vanwege de expansie die het land toen onderging en deze expansie maakte het bouwen tevens noodzakelijk. De bouwtrant was aanvankelijk laat-romaans en gotisch maar tijdens de Gouden Eeuw werd de bouwkunst bepaald door de renaissance en het classicisme. Grote Nederlandse bouwmeesters uit die tijd waren Lieven de Key, Hendrik de Keyser, Jacob van Campen en de gebroeders Vingboons. Amsterdam, in de Gouden Eeuw het financiële en culturele centrum, kent uit deze periode zijn rijke grachtengordels, fraaie kerken en het eertijds als stadhuis gebouwde huidige Paleis op de Dam. Ook de kleinere steden in de provincie lieten zich niet onbetuigd: de Waag te Deventer, de stadhuizen van De Rijp, Edam en Haarlem, om er maar een paar te noemen van de geweldige rij van steden die voor dit bestek te veel zijn. Na een periode van betrekkelijke stilstand herleefde de architectuur in de personen van Cuypers, de bouwmeester van het Rijksmuseum te Amsterdam en Berlage, aan wie Amsterdam zijn Beursgebouw te danken heeft. De laatste was ook één van de grondleggers van de Amsterdamse school; met fraaie ornamenten versierde sociale woningbouw uitgevoerd in baksteen.

The most historic buildings in the Netherlands date from the period starting in the 16th century. Two main reasons are responsible for this: sufficient money for building was in circulation due to the country's expansion and that expansion in turn made building a necessity. Initially, the architectural style was late Romanesque and Gothic but during the Golden Age the Renaissance and Classicist predominated. The great contemporary Dutch architects were Lieven de Key, Hendrick de Keyser, Jacob van Campen and the Vingboons brothers. Amsterdam, the financial and cultural centre of the Golden Age owes its splendid canal belt, magnificent churches and the Palace on Dam Square, originally intended as the Town Hall, to this period. Nor were the smaller provincial towns devoid of testimony to the age: the Waag (weighing house) at Deventer and the town halls of De Rijp, Edam and Haarlem, to name but a few of the innumerable towns. Then, after a period of relative quiet, Dutch architecture flourished again with the advent of Cuypers, designer of the Rijksmuseum in Amsterdam and Berlage, responsible for Amsterdam's Stock Exchange. The latter was also one of the founders of the Amsterdam School, particularly known for decorated brick social housing developments.

Die Periode, aus der die meisten historischen Bauwerke Hollands stammen, beginnt im 16.Jahrhundert, denn in dieser Zeit befand sich das Land in guten finanziellen Verhältnissen und die allgemeine ökonomische Aufwärtsentwicklung machte Bauen zu einer Notwendigkeit. Der anfänglich spätromanische und durch die Gotik beeinflusste Baustil welche im 'Goldenen Jahrhundert' (17.Jh.) Einflüssen der Renaissance und später klassizistischen Elementen. Berühmte holländische Baumeister waren Lieven de Key, Hendrick de Keyser, Jacob van Campen und die Gebrüder Vingboons. Amsterdam, im 17.Jahrhundert das wirtschaftliche und kulturelle Zentrum der Welt, erhielt in diesem Zeitabschnitt seine prächtigen Grachtengürtel, seine eindrucksvollen Kirchen und sein weltberühmtes Rathaus, heute der königliche Palast. Aber auch die Architektur der Provinzstädte blühte auf, einige gute Beispiele sind die Waage in Deventer und die Rathäuser von De Rijp, Edam und Haarlem. Nach einer langen Stagnationsperiode erlebte die holländische Architektur gegen Ende des 19.Jahrhunderts wieder einen Aufschwung. Cuypers baute das Rijksmuseum und zu Beginn dieses Jahrhunderts Berlage das Börsengebäude in Amsterdam, sein berühmtestes Objekt. Berlage war ausserdem einer der Gründer der 'Amsterdamer Schule', die sich schon kurz nach der Jahrhundertwende mit sozialem Wohnungsbau beschäftigte.

La plupart des monuments historiques, aux Pays-Bas, datent du XVᵉ siècle tout au plus et ce pour deux raisons évidentes: l'expansion que connaissait alors le pays fournissa l'argent nécessaire aux constructions, tout en rendant celles-ci indispensables. Le style architectural, d'abord roman tardif et gothique, au Siècle d'Or, influencé par la Renaissance et le classicisme. Les grands architectes néerlandais de l'époque ont pour noms Lieven de Key, Hendrick de Keyser, Jacob van Campen et les frères Vingboons. Amsterdam, centre culturel et financier au Siècle d'Or, doit à cette période ses riches ceintures de canaux, ses merveilleuses églises et son Palais sur le Dam, destiné à l'origine abriter l'hôtel de ville. Les petites villes de province firent également un effort architectural: le Waag (Poids public) à Deventer, les hôtels de ville de De Rijp, Edam et Haarlem pour ne citer que quelques exemples de constructions remarquables, de l'énumération serait trop fastidieuse Après une période de stagnation relative, l'architecture connut un second souffle glorieux grâce à Cuypers, qui conçut le Rijksmuseum d'Amsterdam, et Berlage, à qui l'on doit la Bourse de cette même ville Ce dernier fut aussi l'un des fondateurs de l'école amstellodamoise il imagina de décorer de jolis ornements des habitations sociales construites en brique.

Wereldhaven no. 1 is Rotterdam. De stormachtige ontwikkeling van het gehele havengebied tussen de stad en Hoek van Holland gedurende de jaren na de Tweede Wereldoorlog is met name te danken aan het feit, dat via de Nieuwe Waterweg de voortdurend groeiende stroom van goederen en grondstoffen van en naar het Duitse achterland loopt. Hoe sterk de positie van Rotterdam verweven is met het Ruhr- en Rijngebied blijkt uit bijgaand kaartje. De grootste zeeschepen kunnen Rotterdam bereiken en daar worden de grondstoffen voor de chemische en de staalindustrie voor dit gebied overgeslagen in binnenschepen, die dan zonder enige hindernis de Rijn opvaren. Bovendien heeft Rotterdam langs de linkeroever van de Waterweg een uitgestrekt industriegebied met zeven olieraffinaderijen en de daarbij behorende chemische fabrieken, een ontwikkeling die overigens niet bijdraagt tot een vriendelijk milieu en tot enige bezorgdheid aanleiding geeft. Dat de Rijn behalve de grootste verkeersader van West-Europa ook nog het grootste riool ter wereld is, is een bijkomstigheid die deze bezorgdheid nog eens onderstreept.

Rotterdam is the world's premier port. The rapid development of the entire harbour region between the city and Hoek van Holland in the years following the Second World War is mostly due to the fact that the Nieuwe Waterweg is the thoroughfare for the continually increasing stream of goods and raw materials passing to and from the German hinterland. The accompanying map shows the extent to which the position of Rotterdam is linked with the Ruhr-Rhine area. Rotterdam is accessible to the very largest sea-going vessels and hence, it is in Rotterdam that the raw materials for the chemical and steel industries are transshipped to barges that can then ply up the Rhine without obstruction. Moreover, along the left bank of the Waterweg, Rotterdam has an extensive industrial area with seven oil refineries and their namifications in the form of petro-chemical plants. This development has scarcely been an environmental benefit and continues to be a matter of concern. The fact that the Rhine in addition to being Western Europe's major artery also happens to be the world's largest sewer, underlines the issue.

Dass Rotterdam, der grösste Hafen der Welt, nach dem zweiten Weltkrieg eine so stürmische Aufwärtsenwicklung erleben konnte, ist der Tatsche zu verdanken, dass durch Nieuwe Waterweg-Kapazitäten der Gütertransport mit dem deutschen Hinterland ständig zunahm. Ein Blick auf die hier abgebildete Karte erklärt, von welch fundamentaler Bedeutung der geographisch-ökonomische Verbund Rotterdams mit dem Rhein-Ruhr Gebiet ist. Grosse Seeschiffe können ihre Fracht 'nahtlos' auf Binnenschiffe umladen, die dann rheinaufwärts fahren. Ein weiteres Erfolgsrezept für Rotterdam ist seine Industrieregion mit den vielen Öl-Raffinerien und chemischen Fabriken, wo Rohprodukte direkt verarbeitet werden können, ohne erst kostspielig transportiert werden zu müssen. Dies ist ein deutlicher ökonomischer Vorteil, leider aber auch ein Nachteil für die Umwelt: Wasserverschmutzung ist ein zunehmender Bedrohungsfaktor für unsere Lebensqualität, und der Rhein, der bei Rotterdam in die Nordsee mündet, ist nicht nur die grösste Verkehrsader Europas, sondern auch der am meisten verschmutzte Fluss der Welt.

Rotterdam est le premier port du monde. Le trafic sans cesse croissant des marchandises et matières premières de l'hinterland allemand par le Nieuwe Waterweg fut à l'origine du développement foudroyant de toute la zone portuaire comprise entre la ville et Hoek van Holland, après la seconde guerre mondiale. La petite carte ci-contre montre à suffisance combien l'importance du port de Rotterdam est liée à l'activité de la Ruhr et de toute la région rhénane. Les plus grands navires de haute mer peuvent atteindre Rotterdam et y transborder les matières premières, destinées à la sidérurgie et à la chimie, dans des péniches qui peuvent remonter le Rhin sans encombres. En outre, la rive gauche du Waterweg est occupée par une importante zone industrielle, comprenant notamment sept grandes raffineries de pétrole et des usines pétrochimiques; ce développement, qui ne contribue certes pas à l'amélioration de l'environnement, est préoccupant, d'autant plus que la plus grande artère de communication d'Europe occidentale - le Rhin - en est également le principal égout.

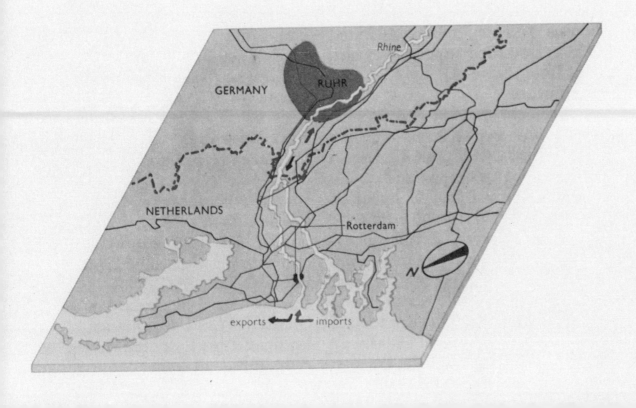

Nadat in het noorden van Nederland diep onder de grond een enorme voorraad aardgas was aangetroffen en elders in het land reeds aardolie werd gewonnen, waren de verwachtingen hoog gespannen, toen bleek, dat hetzelfde olie- en gasveld zich ook onder de bodem van de Noordzee voortzette. De omliggende landen kregen ieder een flink stuk van het zogenoemde continentale plat aangewezen en de vondsten bleven dan ook niet uit. Van de 356 booreilanden, die over de hele wereld in 1978 in exploratie waren, bevinden er zich 58 in de Noordzee. Engeland en Noorwegen hebben tot dusver de grootste vondsten gedaan en Nederland is wat bescheidener geworden in zijn verwachtingen.

Following the discovery of an enormous reserve of natural gas, deep under the ground in the north of the Netherlands after oil had already been found, expectations ran high when it became apparent that the same oil and gas field continued below the North Sea bed. Each of the surrounding countries was apportioned a large piece of the continental shelf and they were not disappointed. Of the 356 oilrigs scattered over the world in 1978, 58 were operating in the North Sea. Until now, Britain and Norway have made the greatest finds and the Netherlands has learned to modify its expectations somewhat.

Als man - nachdem schon viele Erdölvorkommen entdeckt waren - im Norden des Landes auf eine gigantische Erdgasblase stiess, waren die daran geknüpften Erwartungen sehr hoch. Sie stiegen noch, als man herausfand, dass sich dieses Gasfeld bis in den nördlichen Teil der Nordsee fortsetzte. Alle Anliegerstaaten bekamen ein Stück des sogenannten kontinentalen Sockels zugewiesen, und bald stellten sich auch Funde von erheblichen Ausmassen ein. Von den 356 Bohrinseln, die es zur Zeit auf der ganzen Welt gibt, befinden sich 58 in der Nordsee. Die grössten Bohrerfolge verbuchen England und Norwegen, Holland ist etwas bescheidener in seinen Erfolsprognoses geworden.

Après la découverte d'une importante nappe de gaz naturel da le Nord du pays et la mise en exploitation de terrains pétrolifères dans d'autres régions, l'attente de nouvelles ressources fut comblée lorsqu'il apparut que ces nappes gaz et de pétrole se prolongeaient dans le sous-sol de la mer du Nor Les pays limitrophes se partagère le plateau continental et les découvertes de nouveaux gisements n'ont pas cessé depuis. Cinquante huit des 000 plate formes de forage en service dans le monde entier e 1978 se trouvaient en mer du Nor La Grande-Bretagne et la Norvège ont jusqu'ici découvert le giseme les plus importants; les Pays-Bas, quant à eux, se montrent plus rése vés dans leurs prévisions.

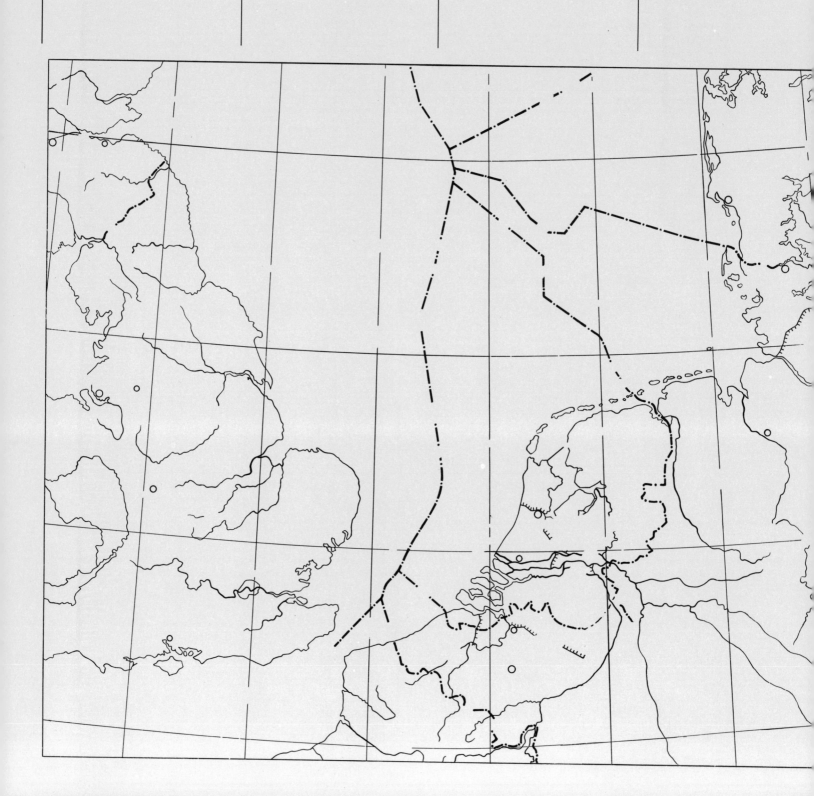

Lijst van de grootste ondernemingen in Nederland

List of the largest companies in The Netherlands

Liste der grössten Gesellschaften in den Niederlanden

Tableau des plus grandes sociétés aux Pays Bas

Koninklijke/Shell
Unilever
Philips
Nederlandse Gasunie
Shell Nederland
Estel
DSM
Akzo
SHV Holdings
PTT
Nederlandse Aardolie Mij
Nationale Nederlanden
Vroom & Dreesmann
Ahold
Ogem Holding
Esso Nederland
Shell Ned. Chemie
Ned. Spoorwegen
Internatio-Müller
British Petroleum Nederland
Thyssen-Bornemisza
Cebeco-Handelsraad
KLM
Rijn-Schelde-Verolme
Holl. Holl Beton Groep
Koninklijke Nedlloyd Groep
Wessanen
Chevron Petroleum Maatschappij
Nederland
Polygram
KBB/Bijenkorf
Dow Chemical (Nederland)
WMF/Stork
Otra
Heineken
Nationale Coöp. Zuivelcentr.
Ennia
Koninklijke Volker Stevin NV
Deli Maatschappij
Douwe Egberts
Fokker
Amev
Koninklijke Bos Kalis Westminster Group nv
Hagemeyer
Bührmann-Tetterode
Delta-Lloyd
Coberco Zuivel
Zico Groep
Zuid-Nederlandse Melkindustrie
Ogem Nederhorst Bouw
Cehave
NKF Groep
DMV/Campina
Coveco
Meneba
DAF Trucks
Océ-v.d. Grinten
AGO
Ballast Nedam Groep NV
Van Leer Groep
Transol
IBM Nederland

Hoechst Nederland
Koninklijke Scholten-Honig
Ford Nederland
CCF
Amfas Groep
Hendrix Fabrieken
Elsevier/NDU
Gist Brocades
VNU
Hunter Douglas
General Motors Continental
Heidemij Beheer
ICI Nederland
EZH Zuid-Holland
Borsumij Wehry
Centraal Beheer
CMC-Melkunie
Pon Beheer
Frico
Van Gelder Papier
Spar Centrale
Verenigde Bedrijven Wilma
T & D Verblifa
Suiker Unie
Gebr. D. Schuitema
Domo-Bedum
Centra-organisatie
Ver. NBM-Bedrijven
KNSM
Bredero Ver. Bedrijven
AGAM
Volvo Car
IHC Holland
Koninklijke Nederlandse Papier
Vleescentrale NCB
HINT (Holland International)
PNEM Noord-Brabant
Végé Nederland
Nefkens
Bruynzeel Groep
PEN Noord-Holland
Veiling Aalsmeer
Erven Lucas Bols
Wavin
Interpolis
Stad Rotterdam
Verenigde HVA-Mijen
Renault Nederland
Hobo-Faam
PGEM Gelderland
Inkoopcomb. Nederland
Van Gend & Loos
Nederlandse Brugcentrale
Koninklijke Theodorus Niemeyer
A & O Nederland
Enkabé
Skol
Centrale Suiker
Molenaar (Wastora)
Keurslagers Centrale
Super Unie
Nutricia

Index

Index

Index